平凡社新書
1007

南洋の日本人町

太田尚樹
ŌTA NAOKI

HEIBONSHA

南洋の日本人町●目次

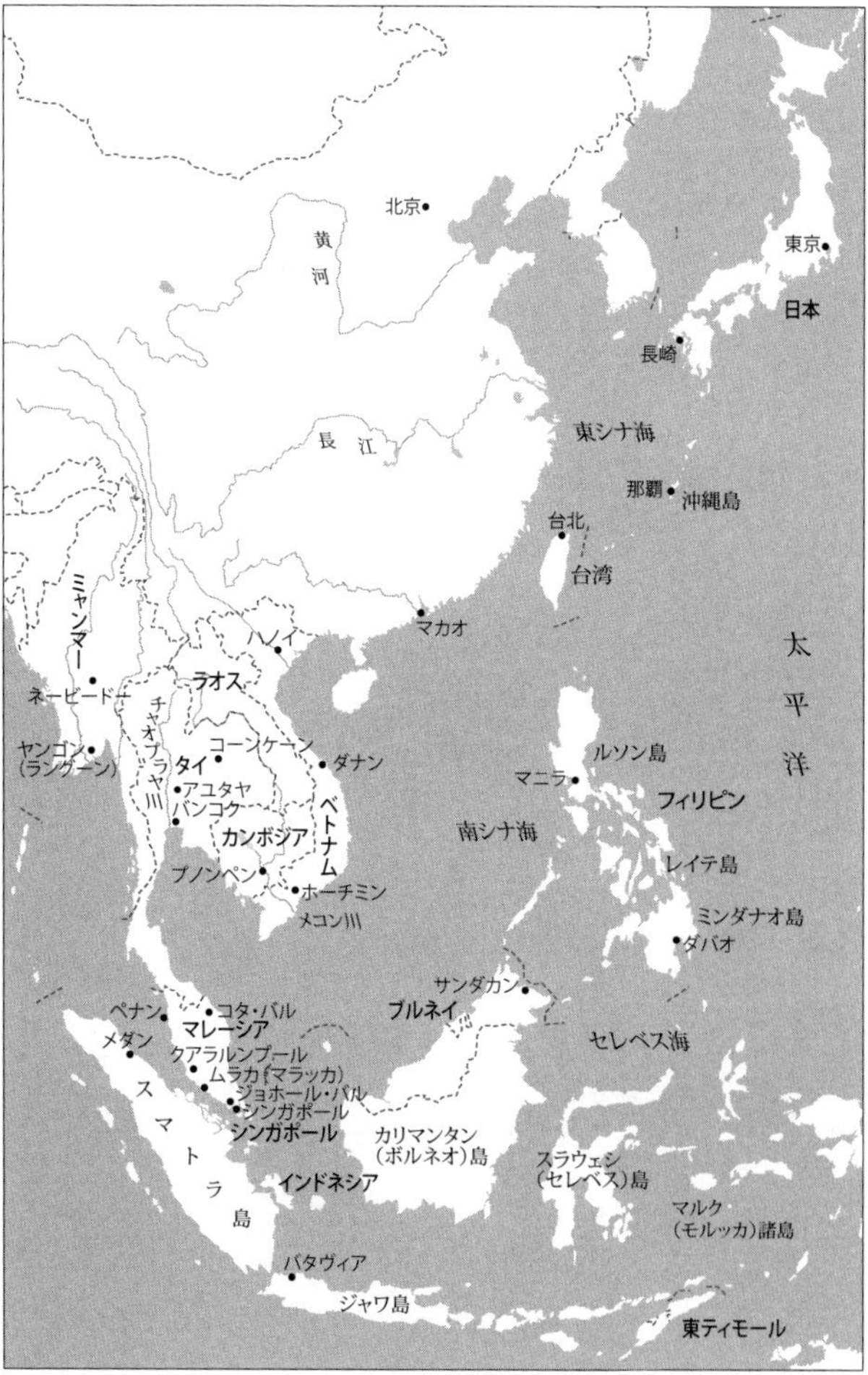
北京
黄河
東京
日本
長崎
長江
東シナ海
那覇
沖縄島
台北
台湾
マカオ
ハノイ
ミャンマー
ネーピードー
ラオス
チャオプラヤ川
ヤンゴン
(ラングーン)
タイ
コーンケーン
ダナン
アユタヤ
バンコク
カンボジア
ベトナム
プノンペン
ホーチミン
メコン川
太平洋
ルソン島
マニラ
フィリピン
南シナ海
レイテ島
ミンダナオ島
ダバオ
サンダカン
ブルネイ
ペナン
コタ・バル
マレーシア
メダン
クアラルンプール
ムラカ(マラッカ)
ジョホール・バル
シンガポール
スマトラ島
カリマンタン
(ボルネオ)島
セレベス海
スラウェシ
(セレベス)島
インドネシア
マルク
(モルッカ)諸島
バタヴィア
ジャワ島
東ティモール

東南アジア略図

序章――南洋進出の先兵たち

今日も南洋に流れるまったりした空気

東南アジアの国々の、雑然とした市場のなかを歩くのが好きである。第一、あの雑踏のなかにムンムンと漂う匂いがいい。南洋に来たことを実感させてくれるこの匂いは、日本では体験したことはないが、遠い昔、どこかで接したような、親近感さえ覚えるからである。

路上に山と積まれたバナナ、パパイヤ、マンゴー、ドリアンのほかにも、名も知らない南洋の果物の山。先ほどまで両足を縛られながら、キョトンとした視線を周辺に送っていたニワトリが、露店の女主人の振るう牛刀のような頑丈な包丁の下で、瞬く間に原形を失っていく。隣の焼き鳥屋の香ばしい匂いも、人の汗の匂いに混じってあたりに漂っている。

売り子の大きな掛け声や客とのやり取り、子どもの泣き声、自らの身に降りかかろうとする危険を察知したのか、籠のなかのアヒルがガアガアと騒ぎ出す。そこには生活の音と匂いがすべて凝縮されている。

露店の背後には、豆や米などの穀物、めずらしい香料、衣類や装飾品を扱う大小の問屋に、大勢の人間たちが買い物や商取引に出入りしている。

南洋の空の下には、飾り気のない、本音の姿をあらわにした彼らの伝統社会の生活空間が根付いている。

では、この南洋に進出してきた日本人の先兵たちはこの地で何を望み、何をし、その結果はどうなったのか。

まず用語であるが、現在、東南アジアと呼ばれている地域は、戦前は南洋といういい方をした。現在のいい方は、主として戦後になってからの連合軍の借りものである。したがって本書が日本近代史であつかう時代は、鎖国前から第二次世界大戦にいたるまでであるから、当時のまま「南洋」の呼び名を使うことにした。

南洋への関与はいくつかの形で足跡を遺してきたが、戦前の日本でいわれた「南進論」は、概念において二分されていたとみることができる。女性も含めた経済活動の先鋒をつとめた日本人の南方進出と、日米開戦前夜に熱い視線を集めた、武力を背景にして現地の豊富な天然資源を獲りにゆく南進論である。

後者の南進論については、「あとがき」に記してあるが、結果的にこの国策は、南洋の日本人町だけにとどまらず、現地の人にも悲劇をもたらすことになる。

それとはまったく別に、ルソンのマニラや、タイのアユタヤ、ベトナムのホイアンにみられたように、鎖国以前から、交易基地としての日本人町が形成されていた事実もあった。なかでも朱印船の活動による南蛮貿易は、戦国大名たちや徳川幕府による積極的経済活動を担ってきたが、渡来品にむけた諸大名の熱い視線をうけて、藩の財政を潤してきた。

だが鎖国が解けて明治の世が明けると、それまで各藩に分かれていた縦割りの組織が崩れ、曲がりなりにも新国家日本がスタートすると、民の姿勢も変わってきた。かけ替えのない人生を、南洋各地に、「夢」という、ときに実体感をともなわない玉虫色の未来に駆けだしていった人々が、次々と出現したのである。

二〇〇年もの間、鎖国で閉塞していた日本には、外に向けたとてつもないエネルギーが溜まり、熱いマグマとなって流れでる現象が起きた。近代に向かう変革の胎動は、志ある人々を着実に突き動かしたのである。曰く、海外雄飛。彼らはいずれも、外向きの好奇心と夢をもった人間たちであった。

そのなかに、明治新政府に希望をもてないまま禄を失い、刀をそろばんにもち替えた侍、豊富な南方の資源を商って一獲千金を夢みる商人、伝統の技を新天地で思い切り生かしてみようとする職人たちがいた。

明治政府にとっても、彼らは資源保有と貿易拡大の先遣部隊であり、情報収集の協力者でもあった。

家族のために

その一方で、貧しさから家族を救うために、異国に出ていく娘たちもいた。娘子軍《じょうしぐん》またば、カラユキさんといわれた娘たちである。彼女たちにとっては、南洋に出ていくというよりは、落ちていくといった方が、実態に合っている場合が少なくなかった。

彼女たちは若い身空で春を売る女性のことだが、ある世界史の研究者によると、売春は人類最古の職業であるそうだ。職業とはいえないまでも、人類が出現してまもない狩猟採集時代、肉や果実などと引き換えに成立した経済行為ではあった。

ちなみに、二番目に古いのはスパイだそうだ。高度なレベルではなかったはずだが、情報提供の見返りとして報酬が与えられたことによる。

それはともかく、南洋に渡ったカラユキさんたちは、もとはといえば「幸せは南の島に宿る」と信じ、冒険心、一旗揚げたい野望に抗しきれなくなり、南に漕ぎ出した人々であることに変わりない。

彼女らが故郷に送る金は、明治政府にとっても貴重な外貨であった。今日の国情や生活実態の違いはあるだろうが、日本をめざす「ジャパユキさん」があとを絶たない社会現象とは、ちょうど反対方向の流れである。


月日流れて今日、椰子の木陰にひっそりと眠る彼女たちの墓石の何と多いことか。名前と出身地、享年が刻まれた墓石があれば、いいほうである。

南洋で財をなした証しに、とてつもなく大きな自分の墓を造らせた人たちにはばかってか、離れたところに小さな目印の石が碁盤の目のように並んでいる無縁墓地があり、彼女たちはシンガポールやメダン、ジョホール・バル、マラッカはじめ、南洋のいたるところに眠っている。

そこで気が付いたのは、男たちの出身地がまちまちなのに比べ、女性たちは長崎、熊本の人が多いことだった。長崎、熊本には港町があるだけでなく、南蛮渡来の切支丹を受け入れたように、南洋的精神風土があったということなのか。

だが自分の名前さえ刻まれていない、ただこの地に魂が眠っている事実を、小さく訴えている日本娘たちが大勢いることに驚かざるを得ない。

そんな人々が南十字星の下の椰子の木陰に刻んだ足跡の姿はまちまちでも、生きた証しの残影を求めて昔を偲び、対話することに、静かな感動を覚えるのは何ゆえか。そこには同胞たちが残していった喜びや悲しみ、言い尽くせない情念が刻印されているからに違いない。

そこで戦前の南洋の日本人町の歴史探索は、シンガポールからはじまることになる。

第一章　シンガポールの日本人町

日本人漂流民、音吉のこと

近年、シンガポール日本人会が編纂した『戦前シンガポールの日本人社会』という写真集がある。われわれの同胞がこの地に刻んだ、たしかな生の時空の記録である。

これによると、江戸時代の漂流民でシンガポールに定住した最初の日本人は、尾州《びしゅう》知多《ちた》郡小野浦出身の「音吉《おときち》」である。現在の愛知県知多郡美浜《みはま》町にあたる。身分は侍でなく、舟子《かこ》だから苗字はない。

彼の数奇な運命はジョン万次郎がたどった軌跡によく似ている。天保三年（一八三二）一四歳の折、一七人乗っていた廻船が嵐に遭い、仲間の二人とともに漂流したのち、着いたところは米国西海岸ワシントン州ケープ・アラバであった。シアトルの西北一八七キロのあたりで、当時は漁をする先住民だけが住む寂しい土地柄であった。乗っていたほかの一四人は船内で亡くなっていた。

その後、英国船に拾われてロンドンに渡り、米国やアジアを商船でまわっていたが、音吉はオトソン（John Matthew Ottoson）の名で上海に落ちつき、英国人女性と結婚する。当地で日本人仲間から「おとさん」と呼ばれているうちに、オトソンを名字にしたと推測される。

上海は英国のアジア進出の拠点で、入社したデント商会では、長崎に渡るまえのトーマス・グラバーと同僚になった。

グラバーは、音吉のような運命をたどった六人の日本人の若者と出会っているが、ペリー艦隊の米側の通辞を務めた、ジョセフ・ヒコ（濱田彦蔵）と出会ったのも上海であった。

音吉がシンガポールに来たのは、明治の世が明ける六年まえの文久二年（一八六二）、四四歳のときだった。上海で結婚した英国人女性が死去したあと、後添えとなった英国人とマレー人の混血女性の故郷が、シンガポールだったからである（春名徹『にっぽん音吉漂流記』）。

上海で健康を害した音吉は静養の目的で来たとされているが、シンガポールは上海、香港と同様に英国のアジア進出の基地だった。海上交通の要所であるから、何かと活躍の場があったとみられる。

福沢諭吉らとの邂逅

同じ文久二年、品川を出帆した竹内下野守《しもつけ》を正使とする総勢三六人からなる幕府の遣欧使節が英国の軍艦オーディン号で渡欧の途次、シンガポールに立ち寄ったときのことである。歳のころは四〇代と思しき「音吉」と名乗る男が宿に訪ねてきたので、驚いた竹内下野守、福沢諭吉らが早速面会した。

話してみると淀みない日本語でそれまでの経緯を語り、英仏との戦争とそれにつづく動乱の渦中にある清国の事情を事細かく解説してみせた。そのとき福沢には、音吉の顔に見覚えがあったので尋ねてみた。

余仔細《しさい》に其面色を認るに、嘗《かつ》て見ることある者の如し。由《よつ》て之を問ふに、九年前英国の軍艦に乗り長崎に至りしことありと云。即《すなわち》、安政元年寅年(一八五四)、余長崎に遊学の時なり

(福沢諭吉『西航記』)

鎖国中の日本には正式に入国できないため、音吉は中国人として英国の軍艦に乗っていた。その折、長崎の街で偶然福沢に会い、言葉を交わしていたのである。そのときも清国の近況を伝えていたことが、福沢諭吉の『西航記』に書かれている。使節一行がヨーロッパをまわって帰国後、西洋事情と南洋に日本中の関心が集まっている事実からすると、彼らがもたらした「良港と無尽蔵の天然資源を有し、無限の可能性を秘めた南洋」の情報が、日本人たちを揺り動かした可能性がある。

一方音吉は、五年後の慶応三年(一八六七)、シンガポールで病死し、遺骨はこの地の

日本人墓地に眠っている。享年四九歳であった。

カラユキさんからはじまった街

意外なことに、シンガポールの日本人町の歴史は、カラユキさんからはじまった。明治一〇年（一八七七）には、早くものちの日本人町の中心地に近いマレー通りに娼館が二軒建っていた。その後、娼館の数は増えつづけ、最盛期には彼女たちの数は一五〇〇人ともいわれた（西岡香織『シンガポールの日本人社会史』）。

フランスやスペインは、新しく植民地を拓くとまず教会を建て、イギリスはクリケット場やゴルフ・コースを作った。ところが日本の場合は、すぐに芸者の置屋を兼ねた料亭や娼館を開設するといわれた。とはいえシンガポールの場合は、満州や台湾と違って、国策で娼館ができたわけではなかった。

現地の外国人を相手に、カラユキさんらが自らの身をひさいで外貨を稼ぎ、郷里の家族に送金する、異例の現象である。異国へ女性が出稼ぎに出ることだけでも日本の歴史上ほとんどなかったはずである。

だがそんな若い大和撫子の人数が増えれば、彼女たち相手に雑貨屋、料理屋、理容室、写真館、医院、歯科医院もできた。明治二〇年代後半には、海に面したビーチ街から北西に上るブラスバサ街、ミドル街、さらに北東に広がってアルバート通りにいたり、プリンセップ街で碁盤の目のように四角に囲まれた広い一画に、日本人町の原形ができ上がった。いずれも現存する通りばかりである。

現在は商店街になっているが、マレー通りと交差する、ハイラム通りにいたるまでの佇《たたず》まいは壮観であった。娼館は九〇軒を超え、客は西洋人、インド人、華僑、マレー人、日本人とまちまちであった（南洋及日本人社『南洋の五十年』）。

そこでは、彼らを乗せた人力車がひっきりなしに行き交い、五月になると大きな鯉のぼりが通りに泳いでいる光景が、当時の写真に遺されている。

ちなみに一八八〇年代から流行り出した人力車は日本製であった。軽快で丈夫なうえに、安価なことがうけて上海、台湾、香港向けの日本の重要な輸出品になっていた。

娼館とそこで働く女性たちの姿を、明治四三年（一九一〇）五月六日の「福岡日報」は、次のように伝えている。

九時頃より有名なマライ街を観る。家は洋館に青く塗りたる軒場にローマ字を現わしたる赤きガス灯をかけ、軒の下には椅子あり。異類異形の姿なる妙齢のわが不幸なる姉妹これに依りて、数百人も知れず居並び……

紙面に刻印された彼女たちは、ある者は和服姿に日本髪、派手な色彩のマレー風ドレス、なかには国籍不明の服装をしているから、日本人の目から見れば、たしかに異類異形な娘たちである。

ここから道を一本隔てたノース・ブリッジ街と旧日本人町の中央を走るミドル街の角に、意外なものをみつけた。現在にいたるまで中国人経営の大きな薬局がそのまま現存し、当時は医師も常駐して、彼女たちの健康を管理していたのである。

椰子の葉陰に眠る人々

横長の菱形をしたシンガポール中央部のやや東寄り、椰子の木陰に日本人墓地はある。地下鉄のセラングーン駅から歩いて行ける距離である。

墓所には、盗賊の頭で、快傑ハリマオのモデルとされた快男児谷豊《たにゆたか》、太平洋戦争当時の南方方面軍総司令官寺内寿一《てらうちひさいち》元帥、ロシアからの帰途亡くなった二葉亭四迷《ふたばていしめい》（明治四二年〈一九〇九〉没）から、無名のカラユキさんまで一一〇〇柱を超える人々が、整然とした広い敷地に眠っている。

日本人墓地入口

日本人墓地。目印の低い石は、無名のカラユキさん

マレー半島でゴム園の経営に成功した長田《おさだ》秋濤《しゅうとう》は、二葉亭四迷に私淑していたが、『図南録』に以下のように記している。

試みに世界各地に於ける我が邦人の墓地を見舞へ、累々として立てる墓表の主は、十中七八必ず彼等（カラユキさん）の骨にして、所謂《いはゆる》紅怨の亡骸なり。而して憐む可し、櫁花《みつくわ》一枝残んの骸《なきがら》に額《ぬか》つきて彼等が冥福を祈るの児孫なく、異郷の風露冷やかに骨を弔ふ。

売春婦の問題に腐心し、自らも娼婦を妻にした二葉亭四迷も、同じシンガポールの日本人墓地に眠っている。この作家の墓を訪ねた折、わたしは不思議に思ったのだが、ロンドンからの帰途、ベンガル湾上で病死しただけの理由ではなかったことを知った。

南方方面軍司令官寺内寿一大将の墓

二葉亭四迷の墓

　二葉亭四迷がロンドンに向かう途次、寄港したシンガポールで長田秋濤の案内で大勢のカラユキさんが眠る日本人墓地を訪ねた際、作家がいたく同情している姿を見ていた。

　そこで長田は、作家が帰途にシンガポールを目前にして病死したのを知り、その亡骸を日本人墓地に埋葬した。そのとき長田はこう考えたはずである。「この作家は彼女らとともに、いつまでも南洋の夢を語り合っているのだろう」と。

墓所の建立者と薄幸の娘たち

　しかし、墓地を造ったのは、長田ではない。明治二二年（一八八九）、この地でゴム園の経営に成功した二木《ふたぎ》多賀次郎《たがじろう》がその人で、共済会（のちの日本人会）を設立し、自分が所有していたゴム林の一画を提供して邦人用墓地として整備された。何ゆえかその後、シンガポール政庁の埋葬許可を得るのに二年を要している。お墓もなく、牛馬と一緒に埋葬されていたカラユキさんたちを憐れんだ二木が、無縁仏を「精霊菩提」と名付けて遺骨をここに移したのは、明治二四年（一八九一）のことであった（『南洋の五十年』）。

案内に立った日本人会の中年女性が、「精霊菩提」とだけ刻まれた小さな墓石を見つめながら言っていた。

この無縁仏のなかに、長崎の島原出身でおツネさんという方がいると聞いています。亡くなったのは明治三〇年ごろですが、歳は二〇歳だったそうです。

彼女から故郷の話は誰も聞いていませんが、郷里に伝わる島原の子守唄の元唄を、夜になると寂しそうに唄っていたそうです。

一〇歳で子守奉公に出されていますから、赤ん坊を寝かせつけるために口ずさんでいた唄のはずです。赤ん坊が泣くと家人に叱られるし、怖ろしい男が迎えにきてわたしを異国の女郎屋に連れていってしまうから、どうか寝てちょうだいという願いが込められていた唄ですね。

シンガポールにきてから、彼女がいたのは海に面したビーチ街の娼館の一画ですから、沖ゆく船の灯りを見つめて、唄っていたのではないでしょうか

今は生のおツネさんとは向き合えないが、彼女の霊魂とは向き合うことはできる。短かったおツネさんの二〇年の生涯は察して余りあるが、そこには語りつくせない物語が詰まっているはずである。

件の日本人会の女史は、おツネさんの生の声の一片を小さな声でたどっていた。

♪おどみゃ（わたしの意）島原の　おどみゃ島原の梨（無し）の木育ちよ……

それから女史は言葉をつづけた。

この唄は元をたどれば、山梨地方に伝わっていた江戸子守唄が古くから各地に広まり、島原地方でも土地の方言と解釈が加わった唄という説が有力だと、長崎の郷土史家から聞いたことがあります。唄のなかの〝ナシの木育ちよ〟は金もない、色気もない、何もない貧乏育ちという意味のようです

唄には時代と地方によっていろいろな解釈があっても不思議ではない。それでも、「お

ツネさんは子どものころから子守奉公にだされていた」、「のちにカラユキさんとしてシンガポールに流れてきて、この地で亡くなった」、「生前、おツネさんは独り寂しくこの唄を唄っていた」という事実をつなぎ合わせると、カラユキさんの一生がみえてくるように思われる。

鳥の声の語りかけるもの

それにしてもここシンガポールにとどまらず、東南アジアに広く散在する無縁墓地のなんと多いことか。

シンガポールの場合はいいほうである。緑の木々やブーゲンビリア、熱帯の花々の中に墓標が整然と並んでいる様は、人間の生きた魂がたしかにこの地にあったことを告げている。

カオー、カオー、カオー。木立の天辺から、甲高い奇怪な鳥の声がする。

前出の日本人会の女性が、

ここに来ると、いつも同じ鳥の啼き声が流れて居るんですよ。故郷に帰ることもなくこの地に果てた、薄幸の娘さんたちと対話しているのではないでしょうかと言った。
君たちが夢見た、南洋の幸せの赤い花にめぐり合えたのか
小鳥の声は、そう聞えるという。

最大の商店「越後屋」

南シナ海からインド洋に抜ける海峡に位置するシンガポールは、現在でもヨーロッパ、中東と日本を結ぶ海路の要所である。自由貿易港の地でもあるから、明治に入ると日本の商社、船会社、銀行も進出してきた。

日本人町から数ブロック南に行けば、シンガポールの商業中心地であり、そこに明治二四年（一八九一）に三井物産が進出してくると、三菱商事、日本郵船、大阪商船、横浜正金銀行、台湾銀行などがつづいた。

こうなると日本人町は日本人社会の一部として、活気を帯びてきた。代表格は、ミドル街に面した越後屋呉服店である。創業者は、明治三年（一八七〇）新潟の柏崎に生まれた高橋忠平であった。

東京で修業したのち、二六歳で上海、台湾、さらに香港で布地を商い、明治四一年（一

若き日の越後屋店主高橋忠平、サワと従業員。1913年（大正２）

九〇八）にシンガポールにも進出してきた。その後はゴム園の経営にも成功して立身出世を果たすなど、明治期の「海外雄飛」の夢を実現したひとりである。写真で見るとこのような来歴の人物に相応しく、恰幅《かっぷく》がよくて、優しさの影に眼の鋭さが際立っている。

白い詰襟服を着た若い店員たちは柏崎の商業学校出身者ばかりで、みんな凛々しい姿に写っている。店内には「かけねなし」の大きな札が掛けてあり、仕入、販売の顧客もすべて現金決済であったことを物語っている。

昭和一二年に三階建ての新装なった越後屋の写真では、売場の中央に広い階段が付き、隅にはエレベーターも設置された現代風のデパートである。店内では外国人用の洋服も扱っているから、顧客と店員がテーブルを囲んで商談するところは、パリやロンドンの流儀であり、日本人がコスモポリタンの都市シンガポールで、国際人に成長してきた姿を見せている。

戦後はシンガポール政庁に接収され、ホテルに改装されていたが、道路の大幅拡張に伴い、現在はバス停と駐車場、倉庫になってしまっている。昔の光、今いずこ、といった光景である。

明治天皇の崩御に涙する

日本人たちは国を出たときは、愛国者だったわけではなかった。それでも進出先の地では、日常的に外国人、異文化と接しているから自己の帰属性、アイデンティティーを無意識のうちにも強く意識することが多いが、無論シンガポールも例外ではなかった。時代は少し遡るが、明治天皇崩御の報せに、日本人町では多くの人がさめざめと泣いた（シンガポール日本人会編『南十字星』）。

さらに数日後、日露戦争の勇将で天皇のあとを追った、乃木希典将軍の自刃のニュースが伝わると、みんな凍り付いてしまった。将軍は海軍の東郷平八郎元帥とともに日露戦争後、渡欧の途中シンガポールに立ち寄り、歓迎会で邦人たちと親しく交わったことがあったのである。

在留邦人は内地の人たち以上に皇室を敬い、白人種に勝利した日露戦争の英雄に、敬愛の念を抱いていた。

欧州航路の船は、燃料や食料、水の補給のためもあって、シンガポールに立ち寄った。そんなとき船客に皇族がいれば、領事館と日本人会主催の大歓迎会が催され、平民でも著名人には講演会が待っていた。

ベルリン五輪の女子二〇〇メートル平泳ぎで優勝した前畑秀子は、模範泳法を披露してから、椰子の木陰の芝生の上で、大勢の邦人に囲まれて、にこやかにしている写真が遺されている。みんな日本のヒーロー、ヒロインに接して、故国を身近に感じたいのだ。

皇太子と邦人たち

大正一〇年（一九二一）、摂政の宮裕仁《ひろひと》親王（皇太子、のちの昭和天皇）が渡欧の途中に立ち寄った際には、小旗を打ち振る一〇〇〇人の在留邦人が、船を仕立てて停泊地まで駆けつけての大歓迎を受けた。このとき皇太子は、あらためて日本を背負って立つことの意味を思い知らされたはずである。

そこで皇太子は、お召艦を見学にきた小学生を自ら案内し、自室にも招き入れるほどのサービス振りだった。日本国内と違い、外地ではそんな自由も味わえたのである。

それでも自然科学に関心の強い皇太子には、スタンフォード街にある国立博物館、三〇〇〇種に及ぶ熱帯の草花や木々を集めた植物園、ゴム園の見学の方が、興味深かったと思われる。

旧日本人町を歩く

在シンガポール日本人会が作成した大正時代（一九一二～二六年）の案内図をもって、あらためて日本人町を歩いてみる。起点になるのは海沿いのビーチ街にある、世界に知られたラッフルズ・ホテルである。

大英帝国の威厳に満ちた一八八七年創業のこのホテルのレストランは、極上のビーフ・ステーキが有名で、懐が暖かい日本人がよく通ってきた。明治以来、「ビフテキ」の名で通っていた日本でも、最も西洋を感じさせる高級料理だった。

ホテルの正面玄関に構えた、金モールの制服が厳めしいインド人のドア・マンに一瞥《いちべつ》をくれて通り過ぎると、隣は今はオフィス街になっているが、当時は都ホテルという、木製の格子扉が付いた三階建の南洋風旅館だった。看板には屋号の隣に「海ニ面シ眺望佳　市ノ中央ニ位ス　名所見物御案内」とあった。

隣のゴム園事務所の先には三軒の旅館が軒を連ねていたし、さらに路地を渡ればまた二軒の旅館。ビーチ街だけでも六軒の日本旅館があったことになり、英語の看板と並んで、「玉の屋旅館」「玉的旅館」と、日本語、中国語で書かれていた。ほかの業種でも三ヵ国語で書かれてあるのが普通で、顧客は国際色豊かだったのである。

中国人街

異色の国際色は、ビーチ街すぐ先の中国人街であった。昭和初期、東南アジアを四年間放浪した作家の金子光晴は、当地の中国人街をこう描写している。

あらゆる職業階級の支那人が、わめいたり、口ぎたなく、雑閙《ざつどう》しかえしていた。人相観や代書、くすり屋の人寄せ口上、銅鑼や歌媛のかんだかい叫び、鸚鵡《おうむ》十八番芸、馬《マ》来女《レイ》のひれを振りながら踊るドンゲン踊り、大蛇使いの印度女、あらゆる国の人たちが、この喧騒に身を預けて、見物したり押されたり、物色したり、振り返ったりしていた

(『マレー蘭印紀行』)

こんな景観からすれば、日本人町には行き交う西洋人、マレー人、インド人は小ざっぱ

りした服装をし、整然として清潔だったと、当時を知る人たちは言う。それでも、天秤棒を担いだ中国人の物売りなども入ってきたそうだ。

大正中期、日本人町に住んでいた百瀬俊彦は回想する。

朝なんか母のお使いで五〇セントもたされて買い物に行くんです。卵とか果物なんかです。マーケットでは覚えたマレー語を使いました。お金はストレイツ・ダラー（海峡ドル）です

（『南十字星』）

通りを元に戻って中央通の名で親しまれたミドル街に折れると、右手は理髪店、食料品店などすべて日本人の商店が並び、その先が前出の越後屋、隣がカラユキさんの衛生管理を兼ねた薬屋である。

先述の通り、越後屋は今では駐車場と倉庫に変わってしまっているが、花街だった裏手のマレー通りやハイラム通りは、一九二〇年（大正九）の廃娼令によって、日本人の商店街に変わった。

中央通の左手も日本人経営の印刷所や自動車修理屋、商店が並んでいたが、今では真っ白な一六階建の国立図書館になっている。歴史のコーナーを担当する若いインド系女性係

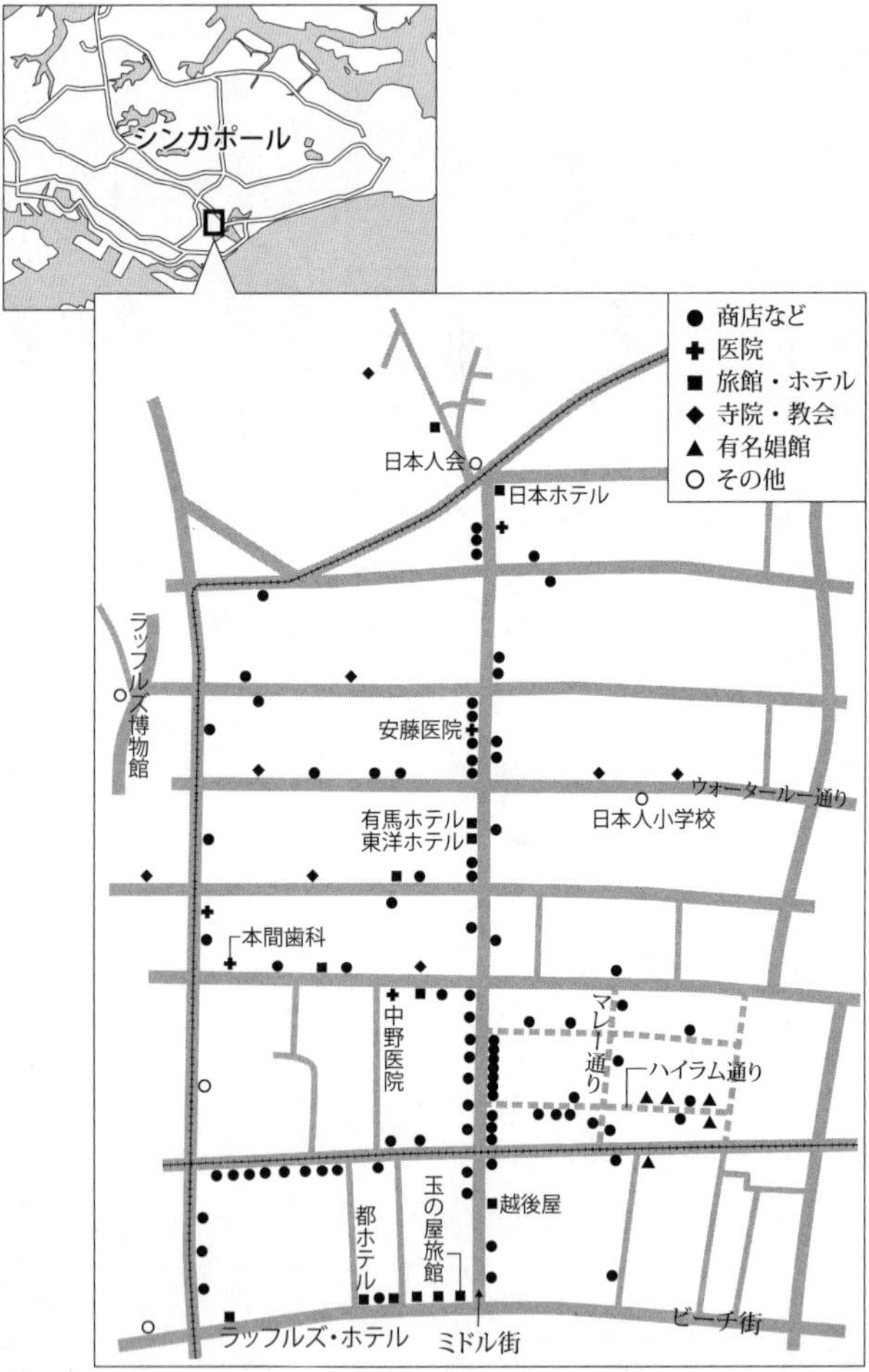
シンガポール
商店など
医院
旅館・ホテル
寺院・教会
有名娼館
その他
日本人会
日本ホテル
ラッフルズ博物館
安藤医院
ウォータールー通り
日本人小学校
有馬ホテル
東洋ホテル
本間歯科
中野医院
マレー通り
ハイラム通り
越後屋
玉の屋旅館
都ホテル
ラッフルズ・ホテル
ミドル街
ビーチ街

シンガポール日本人街略図

員は、「ここが日本人街だったとは知りませんでした」と、驚いた顔をした。

雑談の折彼女は、「私はシンガポール人です」と言ったが、シングリッシュ（シンガポール風アクセントの英語）ではなく、きれいなキングズイングリッシュを話した。

日本人町で特筆に値するのは、建物もそのまま残る日本人小学校で、ノース・ブリッジ街から三本上ったウォーターループ通りのすぐ右手にある。一九三五年（昭和一〇）度の生徒数は四四三名、一学年平均六〇人であった。

戦前に現地で教育を受けた人は、「内地の小学校と同じ教科書を使っていました。違うのは、英語が一年生から必須だったことぐらいです。英国系の上級学校に進学する者もいたからです」と言う。

当時の写真に遺された授業風景をみると、みんな真っ白な開襟シャツ、紺系の半ズボンに黒の革靴、女子学生はセーラー服で、内地でよくみられたかすりの着物に帯、くたびれた下駄や草履をはいた、みすぼらしい姿はみられない。

遠足は植物園が定番で、上級生になると、ジョホール海峡を渡って王宮に行った。このときの生徒たちの服装は白い制服にネクタイ姿で白の半ズボン、編み上げ靴をはき、にこやかな表情が南洋の風情に似合っている。

シンガポールでは、商業の中心地区をグダンといったが、彼らは日本人町に買い物には来るが、郊外の高級住宅街に住み、マレー人の運転手と家政婦、子守を雇っていた。写真で見ると、みんな白を基調にした身だしなみが眩しい。

開戦直前まで、高級住宅街から日本人町の小学校に通った磯部巌は、思い出を語る。

わが家の従順なマレー人の運転手が送り迎えしてくれました。帰宅後、友人と家の近くの熱帯樹林の中で遊んでいると、カメレオンや、ときには大蛇が出てきて逃げ帰ったものです。摑まえた大グモを学校にもって行き、友達と闘わせるのが楽しかったです

（『南十字星』）

日本が軍事色一辺倒の時代にあっても、現地の子どもたちは、内地にいてはできなかった、豊かでのんびりした生活体験をもつ人が多い。

戦争に翻弄された日本人町

だが昭和も一〇年代に入ると、日本の国際関係、なかでもアメリカ・イギリスとの関係が悪化してきた。そうなると影響をもろに受けるのが、天然資源の宝庫マレー半島や商業

都市シンガポールを植民地にしているイギリスとの関係である。

しかもフィリピンを押さえているアメリカは、当然石油の宝庫のオランダ領インドネシア（蘭印）の守りにつく姿勢をとった。日本には手を出させない戦略である。

そもそも日本が、ドイツ・イタリアとの三国同盟締結を視野に入れだしたのは、資源のないドイツやイタリアではなく、日本が喉から手が出るほどほしい南洋の資源確保には、オランダを占領下に置くはずのドイツを味方に引き入れる必要があったからである。

加えて三国同盟は、アメリカをヨーロッパ戦線に参戦させない効果が期待された。結果的には三国同盟が裏目に出て、日米対決の火種になってしまうのだが、あえて同盟締結に踏み込んでしまった原因は、南洋の天然資源確保だったのである。

内地への引き上げ開始

戦争の足音が聞こえてくると、シンガポールの日本人町も暗黒の時代を迎えた。昭和一六年（一九四一）七月、アメリカが在外日本資産を凍結すると、オランダ、イギリスも即座に凍結に踏み切った。これでシンガポールに駐在する日本の銀行が機能しなくなり、商社員たちの日本への引き上げがはじまった。

資産凍結につづいて石油も入らなくなった日本は、当然、南洋の資源を獲りにくる。蘭印、アメリカが押さえているフィリピン、そしてイギリスの植民地マレー、シンガポールも、日本軍の重要な攻撃目標になったのである。

『シンガポールの日本人社会史』によれば、この年の九月までに、マレー半島各地とシンガポールの在留邦人合わせて六〇〇〇名が内地に引き上げていった。

寂しくなったのはシンガポールの日本人町である。子どものいる商店経営者は店をたたんで帰国し、ミドル街界隈から、日本人の姿がめっきり減ってしまった。

ウォーターループ通りの、日本人小学校にコダマしていた元気な子どもたちの声も、すっかり小さくなった。校長坂本三郎が書いた回想録によれば四〇〇人を超えていた生徒も五〇人ほどになり、先生も校長のほか五人を残して、帰っていった。

このころには日本人町に向けたイギリス官憲の監視が強まり、華僑の排日運動も高まった。だが華僑のなかには表向きには反日でも、日本人との親密度や商取引では、以前と少しも変わらない者もいた。

母国の政治不安や動乱に翻弄されて流れてきた華僑たちは、移り住んだ新天地で、信頼できる仲間とコミュニティーを作り、商いで平穏に生きていくことをすべてにおいて優先した。したがって華僑の商人たちは、戦争は台風のような、一時的現象とみていたのである。

だが一九四一年一二月八日、シンガポールでは日本軍による軍港、飛行場への空爆がはじまり、タイ南部のシンゴラ（現ソンクラー）と英領マレー半島のコタバルに日本の陸軍部隊が上陸して、シンガポールをめざして進撃を開始した。

それでも英軍が守備していたシンガポールでは、日本軍が攻めたとき市街戦にならず、日本人町は戦火を免れた。ブキテマ高地、飛行場や軍港などの戦略的地点、水源地を押さえられた時点で、降伏していたからである（一九四二年二月一五日）。

抗日華僑の虐殺

だが、占領下に置かれたシンガポールを守備する日本軍に、取り返しのつかない不祥事が起きていた。憲兵隊による抗日華僑虐殺事件である。この問題については、筆者は別の書に詳細を書いているので深くは触れないが、以後、現地に暗い影を落とすことになった。標的になったのは抗日運動の活動家と目された若者ばかりで、犠牲者は七万人から八万人とされる。戦後長くシンガポールの首相を務めたリー・クワン・ユー（李光耀）もシンガポール大学の学生当時、辛くも虐殺を逃れたひとりであった。

抗日分子と目された彼らを、裁判にもかけずに処刑を命じたのは、戦後しばらくは辻政信参謀とされていたが、実際は山下奉文《やましたともゆき》軍司令官（当時中将）が張本人であった。

それまで日華事変を中国大陸で戦っていた山下も、従う指揮官たちも、「中国人の反撃恐るべし」がトラウマになっていたとみられる。さらにマレー半島を攻め下るとき、英軍よりはるかに華僑義勇軍の抵抗が激しかったことが、「占領後のシンガポール安寧のための処断」を決意させてしまった。

だが虐殺が漏れないように、通常の日本兵を出動させず、憲兵と補助憲兵だけでおこなったため、戦後になるまで、ほとんどの兵士たちは知らなかった。

戦後、シンガポールに駐屯していた兵士たちの戦友会での聞き取り調査でも、「まったく知りませんでした」という答えばかりであった。むろん日本人町の住民たちも、知る由もなかったのである。

だが開戦後、陸軍に徴用されてシンガポールに上陸した作家の井伏鱒二、海音寺潮五郎、堺誠一郎、詩人の神保光太郎、東大仏文科講師・中島健蔵たちの場合は、事情が違っていた。彼らは情報網をもっていたためにある程度知ってはいたが、戦後になっても多くを語ろうとしなかった。

井伏は昭南《しょうなん》タイムズの華僑記者から情報を得てはいたが、わずかに「私は新聞社に通勤の途中、三〇〇〇人も四〇〇〇人も大広場に集まって死刑の場所に引き立てられようとしてゐるのを見た」と『徴用中のこと』に書いているだけである。

中島健蔵は、街で奇妙な出来事を経験することになった。日本占領下となった昭南の市中を散策していたあるとき、見知らぬ中年の中国人女性から若者の写真をみせられ、同時に「これは自分の息子です。戦争以来行方がわからない。この青年をあなたは知らないか。この青年がどこにいるか知らないか」という意味の中国語のメモをみせ付けられたのである。

その後、中島健蔵もほかの徴用部員も街でたびたび同じことを経験することになるが、あるとき、しげしげと写真に見入っている中島に、何か手掛かりがあるなと感づいた目付きで、母親はにじり寄ってきた。たまりかねて、そっけなくその場を離れてしまった中島は、そのときの心境を、「わたくしの胸は張り裂けそうだった。今日にいたるまで、華僑の母の幻影を自分の心から除き去ることができないのである」と、『昭和時代』の中に書いている。

日本人が人生をかけて拓いた南洋には、本来は穏やかで間延びした現地社会があったはずだった。それが、日本軍の占領につづく不祥事によって、最悪の事態になってしまった。

シンガポールの場合は、日本軍は勝利者の立場であるから日本人町も無傷ですんだが、終戦末期になると、日本軍が守備していたフィリピンのダバオやマニラでは、悲劇に見舞われる。日本軍は反攻してきたアメリカ軍ととことん闘ってしまい、邦人、現地人を巻き込んだ悲惨な光景を迎えることになる。全滅するまで戦ってしまったのは、武士道精神の欠点だろう。

消え失せたまぼろし

開戦から五ヵ月後、シンガポールの日本人町に残っていた医師や、内地に帰る家のない商人たちの家族は、沖を日本の大艦隊が埋め尽くした光景に狂喜した。ハワイ帰りの機動部隊がインド洋作戦を終えて内地に戻る途次、イギリス軍が残していった重油の補給に立ち寄ったのである。

狂喜したひとり篠崎護(外務省情報部嘱託)は、

折からの夕日に映える大艦隊のシルエットは、空前の壮観であった。だがこの世界最強を誇る機動部隊の主力空母が、わずか五週間後には、すべてミッドウェー沖の海戦で沈められることになるとは、だれひとり思ってもみなかった

と綴っている。

それ以前、日露戦争の折にシンガポール沖を日本海に向かうバルチック艦隊を見つめた

ときとは、逆の運命が待っていたのだ。

敗戦とともに、日本人町は幻のように消え失せた。日本人町の小学校に通った加藤重治は、戦前に両親が旅館を営んでいたが、

日本に帰った途端、食糧事情が最悪で驚きました。シンガポールは物資が豊かだったし、水洗トイレが完備して、子どもでもみんな個室をもっていましたからね。内地の貧しさに慣れるのが大変でした

と当時を振り返る。

戦後、日本もシンガポールも奇跡的な繁栄の道を歩んだが、新たに日本人たちがこの南十字星を望む大地に根を生やすまで、数十年の歳月を待たねばならない。

第二章　マレー半島に足跡を刻んだ日本人たち

マレー半島へ

シンガポールから、目と鼻の先のジョホール海峡を渡ったマレー半島では、ゴムや錫などの鉄鉱石が豊富に採れた。マラッカ海峡の対岸に広がる、さらに狭いスマトラ島やボルネオ島は石油の宝庫であるから、シンガポールを起点にして、日本の国策によって南洋各地への進出につながっていくことになる。

石油技師、鉱山技師を筆頭に、一旗揚げたい商人や医師・歯科医などの特殊技能をもった者、そして若い女性たちも追いかけるように、日本を後にしていった。

第二次大戦の究極の目的が、南方の資源獲得にあったことから、結果的に彼らは、資源の乏しい日本が送り出した海外進出政策の先遣部隊であり、鎖国によって海外渡航が禁止されていた反動のエネルギーによって、雄飛していった人たちであった。

マレー半島は熱帯雨林に覆われた山脈がワニの背中のように南北に走り、麓には拓かれたゴム園や椰子の林がどこまでもつづく。

モンスーンの影響を受けて降雨量の多いこの半島では、中央山脈によりもたらされた大量の降雨が、両岸の平地に激しく流れ落ちるために河川が多く、繁茂した熱帯植物に堰《せ》き止められて、沼地になっているところも数知れない。

前出の作家金子光晴は、戦前のジョホール州センブロン川岸辺の光景を、「川は森林の脚をくぐって流れる。泥と、水底で朽ちた木の葉の灰汁《あく》をふくんで粘土色にふくらんだ水が、気のつかぬくらい静かに動いている」と書いている。

しかし、いたるところにある細い水源は、伏流水であるから、水晶のように澄んでいる。

各地の日本人町跡と、山下奉文将軍がマレー・シンガポール攻略作戦を指揮した足跡を追って、わたしはタイ南部からマレー半島の最南端ジョホール・バルまで、いくつものルートを車で訪ねたことがある。

しかし戦前のジョホール・バルには、日本人町と称する共同体や社会はなかった。昭和一一年（一九三六）発行の居留邦人名簿には一四人が載っているが、戦前の南洋における日本研究をしているマレーシア人の陸培春《ルベイチュン》氏は、

ボルネオやペナンを除いて、マレーシア国内で戦前の日本人町と呼べるものは、鉱山があった半島東岸のドゥングンだけで、あとは小規模の集合体か、個々に商いをしていました。それが華僑との違いです

と言う。

名簿で日本人の職業を見ると、雑貨商、クリーニング店、薬局各一のほかに、理髪業が三軒、写真館が二軒ある。日本人の理髪店へ行けば、染髪、髭剃り、調髪までしてくれるのがうけたのだそうだ。

日本人が居住する所にはたいてい写真館があるが、写真は一家の家宝であるから、仕事が丁寧な日本人の店は人気があった。

さらにここジョホール・バルには、鈴木医院もあった。前出の陸氏は、

彼らはシンガポールの日本人社会に馴染めずに、ここに移り住んだ人たちです。この地の華僑、マレー人は、のんびりしていますからね。住み着いた場所は、職業から考えて、今のセントラル駅周辺の繁華街のはずです

と語る。

その言葉に動かされて、レストランや商店がひしめく繁華街の一画に、五日間の宿を取ったのだが、日が落ちると面白いことに気が付いた。宿の前の細い一方通行の道と界隈の路地が歩行者天国になり、屋台がびっしりと並ぶ。

それぞれの路地には、華僑だけの一画とマレー系の回教徒の一画に分かれているから、

麺類や中華鍋を食べたい日、羊肉のシシカバブーやクスクス（小麦粉から作る粒状の料理）、カレー類を食べたい日によって、どの路に行くか思案することになる。

だが酒の好きなわたしは、回教徒の店でビールを頼むと、恐い髭面のおやじから、「あっちの路へ行け」と、アゴで追い出されてしまった。

そこで翌日から、華僑の店で餃子やマーボ豆腐を肴に一杯ひっかけてから、イスラムの一画のほうにシシカバブーを食べに行った。しかし焼き鳥の一種だから、アルコール抜きはつらいものがあった。

ここに住み着いた日本人は、どんな生活をしていたのだろうか、と考えてみた。

仕事は専門職にくわえて器用さ、丁寧さ、安価な料金が地元民にうけて繁盛したはずだが、食生活も豆腐と醤油は中国人の店で手に入るから、日本風の食べ物には不自由しなかったのだろう。

それよりも彼らには格差のあるシンガポールなどと違い、わずらわしい日本人社会の競争意識などとは無縁の、まったりとした空気が快適だったようである。

軍の諜報機関に協力した邦人たち

日本の軍部は戦前からマレー・シンガポールを、将来の戦略上の拠点として関心をもっていたが、ついに動き出した。

高校・大学を通じてわたしと同窓だった林秀二君の父親宏氏は、戦前は国立伝染病研究所（伝研）の医師で、ジョホール・バルの熱帯病研究所に派遣された。開戦五年まえの、昭和一一年（一九三六）のことである。

陸軍の要請で、林医師の仕事は毒蛇とマラリアなどの風土病の研究をしており、経緯の一端を語ってくれた。


マラリアの特効薬のキニーネはすでに実用化されていたけどね。デング熱とか、ほかにも未知の風土病がありはしないかと。わたしがとくにかかわったのは、毒蛇にかまれたときの血清作りだね。これには、密かにシンガポールのジェネラル・ホスピタルなどの協力も得たけど。その間にわたしが書かされた膨大な報告書は、のちにマレー・シンガポール作戦に応用されたことはたしかだね

戦前から日本の軍部は、情報将校を送り込んでマレー、シンガポールの駐在員、日本人町の住人に、気候、道路事情、集落の数や食糧調達事情、生活習慣など、密かに情報提供を求めていた。

軍事史学会会員の伝《つて》で知った、元特務機関の工作員本間正人氏（仮名）が、本名は口外しないという条件で語ってくれた。彼らは戦後になっても「自分たちがしたことは、墓場までもっていく」人種であった。


われわれ諜報部員のほしい情報は、現地の日本人を通して得る情報だけに頼っていられないのです。日本人は自分たちのコミュニティーを作っていて、現地人との接点が少ないからですよ。日本人は日本語しゃべりながら日本食喰っている連中ですからね。だから、現地の日本人と異なる視点から見た情報が必要なわけです。

われわれは長髪で、平服の民間人を装って、まず市場を見てまわるんです。現地人は何を食べ何を飲んでいるのか、知りたいからです。何気ないふりして、客として現地人の屋台から大衆食堂、高級レストランまで、試すんですよ。

マレー半島の華僑の多くは、福建省、広東省の出身だから、彼らの方言で話すんです。方言は、安心感、信頼感につながるパスポートですから

本間氏はマレーに来るまえに、中国大陸にも長く潜入して情報を集めただけでなく、ときには謀略を仕掛けることが任務だっただけに、そつのない言い方をした。華南、華中、

人だった。華北や満州などで鍛えた勘と読み、語学力を駆使して、マレー半島でも情報収集していた

市場調査と現地日本人の協力を得て、生活物資はどこから搬入され、どのくらいの供給能力を有するのかといった背後の事情や、価格の変動などを聞きだしていた。日本軍が将来、進撃してきたときや、進駐してきたときに備えて、補給路を確保するためだった。

酒が入ると、本間氏は意外なことを口にした。

男は夜には、どんな遊びをするのかも大事な情報の手掛かりになりますからね。実際に体験もするのかって？　もちろんですよ。多いのは支那本土から流れてきた女ですが、マレー系、ときにはインド系の女もね。

相手ははじめての客には、ありきたりのことしかしゃべりませんが、これはという目星をつけた女には、常連客になって、チップも弾むんです。

そうすると、相手は、「わたしの知り合いは反英地下運動家で、ここにも週に一回はくるわよ」なんていう情報も得られます。これは背後にある英国の勢力範囲がどのへんまできているかを推定するのに役立ちます。彼女たちは英国の将校を相手にする場合もありますからね

特務機関員ともなれば、むろん、末端の人間たちだけには頼ってはいられない。そこで、華僑とのつながりが深い現地の日本人に当たりをつけることになる。

日本人社会のボス的存在に近づくには、酒を酌み交わしながら、はじめのうちは、「ここには何かおもしろいことがありませんかねぇー」という調子で、当地の事情を探る、新聞記者のような振るまいかたをするんです。二回目、三回目あたりから、バックに軍がついていることをほのめかすのですが、相手もこちらに機密事項に触れるようなことを言ったあとですからね。秘密を共有した者同士は、親しくなるというより、同志的存在になるんです。お互い日本人同士ですから

邦人もそうやって取り込んでしまうのは、特務機関の常套手段らしい。

だが華僑とつながっている日本人でも、中国人との付き合いには、気をつけなくてはならない事態が発生した。一九三七年（昭和一二）七月七日に起きた盧溝橋事件が拡大して日華事変になると、大物華僑は中国本土の中枢機関とつながっていて、大口の献金もして

いたからである。

それでも、〈戦争は一過性の現象だから、いずれ終結する。信義を大切にして、商売しているわれわれ華僑は、大事な商売相手を第一義にしている〉と考える商人道に徹した華僑もいる。

一度信頼を得た華僑は、まず裏切ることはしませんよ

本間元工作員はそう言った。反英活動をしているインド人工作員との接触も、信頼できる華僑や日本人に橋渡しを頼んだ。

でも英国の工作員も密かに動いているから、それには莫大な工作資金が要ったね。だから、こちらはマレー半島に勢力をもつ藤原機関や、満州から潜入していた甘粕機関に任せることが多かった。アヘンが絡んでいるし、インド人の義勇軍を英軍から離反させるのが、主な任務でしたな

マレー半島には日本の情報将校のほかに軍属、イギリス軍の陣地と武器の探査や橋の強

度測定をおこなう専門の諜報部員が潜入していた。特務機関の少尉クラスも送り込まれてきたが、マレー語が上手くない中国人の自転車屋や洗濯屋に化けて、情報を集めていた場合もある。日本人は手先が器用であるから、現地人の社会に溶け込みやすかったのである。なかには漁師に化けた海軍士官が、港の水深や潮汐を調べていたケースもあるが、マレー半島やシンガポールにとどまらず、フィリピン、ジャワ、ボルネオ、ベトナム、タイにまで広がっていた。満州では原油が採れなかったため、原油の宝庫蘭印へのステップであった。

なかでも、マレー半島側からシンガポールへ渡河作戦を成功させたい日本陸軍は、ジョホール海峡に注目していた。

これは日華事変勃発以前からはじまっていたことであり、諜報活動、謀略を画す藤原機関・甘粕機関にも、邦人は協力していたのである。これも、「海外雄飛」が叫ばれたもうひとつの裏事情であり、時代が求めていたわけである。

マラッカ

イエズス会の宣教師フランシスコ・ザビエルゆかりの地マラッカは、マラッカ海峡を望む歴史の町である。眼下に日本と中東、ヨーロッパを行き来する大型船が必ず通過していくこの地にも、いくつか日本人の足跡があった。

だがそのまえに、当時の東南アジアの歴史を概観しておく必要がある。

時は一五八八年。ポルトガルを支配下に置いていたスペイン黄金時代の無敵艦隊が、イギリス・オランダ連合軍に敗北したのを機に、海上の覇権は新興勢力のイギリス、オランダに替わると、彼らもまもなくアジアに進出してきた。

以後、シンガポールもマレー半島、インド洋に面したペナン島、ボルネオもイギリスによる東洋進出の前線基地となった。そこでオランダもまた、負けじとばかり出てきた。マレー半島の一画マラッカとインドネシアに加え、ボルネオ島の一部がオランダの支配下に入ったのである。

さらにルソン島とその周辺島嶼はスペイン領フィリピンであったが、一八九八年、米西戦争の敗北で、フィリピンはアメリカの支配下に替わった。このような欧米強国のアジア進出について歴史書の多くは、〈植民地運動〉と表現している。

だが当のアジアにとっては、欧米の強国による侵略以外の何ものでもない。アジアが欧米の食いものにされている現実をみて、明治初期以来、〈アジアはアジア人の手で〉を合言葉に、アジア諸民族は日本を盟主として団結すべきであるという考え方が、日本政府や指導者層にでてきた背景である。

一方、列強の侵略をうけてきた中国にも同じような動きが生まれていた。時代は大正初期のことになるが、内乱の中国を避けて日本に亡命した孫文、その後継者の蔣介石などが東京で、犬養毅、頭山満《とうやまみつる》らと大アジア主義に共鳴することになった。

この大アジア主義は時代と論者、立場によって定義は一様ではないものの、明治以後、海外雄飛の先兵となった人たちの背後には、そんな国論や国際戦略の存在があったということである。

豊富な天然資源をもつアジアを武力で植民地支配してきた欧米と違い、当初は平和的先兵として乗り込んでいったのが日本人技士や商人たちだった。だが大東亜戦争の時代になると、武力で資源を獲得するという運命をむかえることになる。

近世に入った極東アジアの歴史を概観したところで、話はマラッカに戻る。

今日、南シナ海とインド洋を航行する船は、すべてシンガポールを経由してマラッカ海峡を通過していく。往来する船が多いうえに潮流が早く、中東と日本の間を往復する大型タンカーには難所のひとつになっている。

マレー半島の調査にわたしがかかわりはじめた当初は、シンガポールとマラッカを結ぶ高速道路はなく、車は椰子が群生する半島の東側をのんびりと走ったものだった。しかし今は熱帯雨林と椰子の林の中を切り裂く弾丸道路を真っ直ぐに進むから、シンガポールから二時間で着くことができる。

中心街

マラッカの町の中心地は、朱色のセントポール教会が映えるオランダ広場からはじまる。広場を発して同じ朱色の商館跡が、今は土産物店やレストランに替わっているが、オランダが統治していた往時を偲ばせる界隈である。

そしてこの町の一角にも明治以後、日本人が住んでいた形跡があった。中国語でマラッカは「馬六甲」と書き、昭和一一年（一九三六）の名簿には、三八軒登録されている。職業は歯科医が二軒、医院一、写真館二、理髪店三、雑貨商八、旅館業三のほかに、個人単位では家政婦四、クリーニング店一、ビリヤード店一、その他各一となっている。

住所の欄ではミル街が五軒で最も多く、そのほかはバラバラだが、いずれも中国人街の一画に現存しているから、団結力の強い華僑とのつながりが深かったことを物語っている。医師、歯医者のような高度な技術をもった専門職のほかに、持ちまえの器用さ、勤勉な生活態度が、華僑にうけ入れられたと考えられる。

今歩いてみると、この地の中国人街はほかの町のそれとは趣が違い、店の構えが大きく、整然としている。およそ中国人街とは思えない空気が流れているのは、ヨーロッパ系の人間との接点の密度が高かったせいだろう。

通りの真んなかで、愛知県出身だという妙齢の日本女性と出会って、しばらく立ち話をした。

マラッカ出身のエンジニアの彼と日本で知り合い、ついてきたのです。幼稚園に行っている子どもが一人いますけど、日本に帰りたいです

別れ際の、彼女の寂しそうな作り笑いがわたしは気になった。

日本人墓地

マレー人の老運転手が、町はずれのブキット・バルにある日本人墓地に連れてきてくれた。墓石が三四しかない寂しい墓地である。

普段は閉められている日本人墓地は、大きな中国人墓地に隣接していた。

明治四四年（一九一一）から昭和一九年（一九四四）までの墓石で、ここでは男性のほうが多い。墓碑によると長崎出身者が一一人、熊本八人、山口二人、岡山、和歌山、佐賀、

マラッカの日本人墓地

墓地の内部。目印の低い石塔はカラユキさんの墓

徳島、島根、広島、神奈川、新潟各一人となっている。

ものいわぬ墓石を見つめていると、ここにも背後の灌木の林の梢から、奇怪な鳥の甲高い鳴き声があたりの静寂な空気を揺るがしている。彼らは南冥の空の下に眠る日本人たちに呼びかけているように思われた。

「故郷の唄でも唄おうよ」南洋の小鳥たちは心優しい。

鉱山の町ドゥングン

戦前、日本の製鉄業を支えた一つが、マレー半島東岸のドゥングンであった。タイ南部のコタバルから海岸沿いに車で南下すれば近いが、ジョホール・バルから四五〇キロの道を北上したほうが、胸のときめきを感じられるようだ。

細い山道で、体長七〇センチほどの山猫の死骸を見つけたのが、そもそものはじまりだった。ゴムのプランテーション、椰子の林を抜け、鬱蒼《うっそう》とした熱帯雨林のなかに入り込むと、案内してくれるロ・チュアン君の表情に緊張感が走っているのが見て取れた。蛮刀や銃を抱えた眼つきの良くない男たちを大勢乗せたトラックとすれ違い、時に併走することがあったからである。

「かれらは山賊？　それとも山岳ゲリラ？」。わたしの問いかけに、ロ君は黙ったままである。それでも道が下りに入り、右手に白い海岸線が開けてくると、彼の表情は緩んだ。

油椰子のプランテーションの暗くて見えない奥には、虎の出没する箇所があると聞かされていたが、彼は落ち着いたものだった。

虎は午前一〇時から午後三時頃までが睡眠時間です。その後、水場で喉を潤してから狩りに出るのです。したがってプランテーションの労働者は、三時になると引き上げてきます。でも虎は三日間付けまわした人間でないと襲わないから、大丈夫ですよ

と笑った。彼には猛獣よりも、人間のほうが怖いらしい。

ドゥングンの町は山の麓にあるが、日本人が住んでいたのは山の中腹であった。錫、マンガンなどを含む良質の鉄鉱石を産出するこの地の日本鉱業で、昭和八年（一九三三）から終戦まで働いた百瀬俊彦が、証言記録を残していた。

鉱山の従業員は一五〇〇、うち日本人職員は一五〇人だった。大きな病院もあり、日本人内科医、外科医、看護婦、産婆さんもいた。

独身者は麓の町の花街に遊びに行ったが、芸者の置屋を兼ねた日本の料理屋も何軒かあった

職員の家族まで入れれば五〇〇人を超す規模だが、そのほかにも鉄鉱石を扱う大手の石原産業があり、ゴム園の従業員もいるから、かなりの規模の日本人町である。『南洋の五十年』によると、道路、電灯、水道、下水も完備し、シンガポールと大差なかった。しかし学校教育では、子どもたちはシンガポールの英国系小学校の寄宿舎か、日本人学校の寄宿舎に入っていた。

ドゥングンでは案内のロ・チュアン君が、老人たちに聞いてまわり、日本人町が山の上にあったことを覚えているというマレー系の古老が説明してくれた。

日本人が帰ったあと、中国人が小規模で採掘をつづけたけど、それも閉山して町は跡形もない。日本人がいたときは活気があってよかった。この麓の町にもよく降りてきたよ。

日本人は服装がよく、金もよく使った。この商店街は当時は飲み屋と、男が遊ぶ娼館ばかり並んでいたな。だから中国人の性病の専門医もいた

日本人職員の集合写真を見ると、白い麻の背広にネクタイ姿、白い長袖シャツと白い木綿のズボン姿がほとんどである。気温は現在ほど高くはなかったそうだが、蚊を避ける意

味もあったらしい。

彼らはテニスや卓球、野球の試合で麓に降りてきたが、シンガポールまで遠征する場合もあった。

戦前の日本の鉄鋼産業を支えた企業戦士たちは、南洋にあっても現地人たちよりよく働き、よく愉しんだ生活風景がみえてくる。

クアラルンプール

マレーシアのなかでも、近年、様変わりが最も激しいのが、首都クアラルンプール。中心街には高層ビルが林立し、高速鉄道、地下鉄、高速道路と、足早に近代化の波が押し寄せている。

それでもマレー鉄道の白いモスク調の旧駅舎が残る界隈は、少しも変わっていない。戦時中は日本の軍司令部が置かれた駅舎は天井が高く、一〇年ほど前、このステーション・ホテルに泊まったとき、ひどく気に入った。

前出の陸培春氏は、「戦前のクアラルンプールには、日本人街と呼べるほどの社会はありません」と言うが、昭和一二年の名簿には五六軒が載っている。職業はほかの日本人町の例と同じ傾向がみられ、男女とも出身地は熊本、長崎が最も多く、長野、和歌山がつづいている。

日本人はBatu街に三三軒も集中しているが、この通りは中国人街の北側に、トゥンク・アブドゥル・ラーマン通りとして現存している。有名なショッピング街で日本の「sogo」もある、モダンな界隈である。

しかし華人、マレー人、インド人、西洋人が行き交うばかりで、そこにかつての日本人の面影をたどるのは難しい。

クアラルンプール日本人墓地

クアラルンプールで裕福だったと思われるクリスチャン夫婦の墓

墓地の内部。目印の低い石塔はカラユキさんの墓

日本人墓地は町中からさほど遠くない、Lapangan Terbang Lama 通りという、町の喧騒から離れた地にあった。白い門柱の脇に「日本人墓地」のプレートがはめられ、なかには立派なお堂もある。日本人の管理人が説明してくれた。

ここには、一八九三年から一九四四年までに亡くなった五六〇人が葬られていますが、最も多いのがカラユキさんです

人の最後はみな平等だというが、南洋では墓石を見れば、成功者か否かが一目瞭然である。カラユキさんが眠っている場所は、目印に一〇センチ四方角で、高さが二〇センチほどの石が、名も刻まれずに空しく建っているだけである。

作家金子光晴は、クアラルンプールの街とカラユ

キさんをこう描いている。

一日が悲しく、辛く、慌ただしく暮れようとしている。わけても悲しいのは、娼家に燈の入る時刻である。赤いめりんす友禅の長襦袢を着て、細帯一本の日本娘が門口に出て手塩を盛る。娘という呼び名でももう四十路を超え、五十坂を下っている者も多い。落窪んだ頬、衰えたるんだ皮膚の皺に、お白粉をなすりつけ、朱を入れる

（『マレー蘭印紀行』）

彼女たちは若さを失い、シンガポールが住みづらくなって、半島に落ちていった女たちに違いない。彼女らがいたところは、トゥング・アブドゥル・ラーマン通りの一画だったらしい。彼女らの客は中国人、彼女らが土人と呼んでいたマレー人、インド人、そしてヨーロッパ系の人間だったとされる。

重い心持ちで墓所を出ると、わたしはその日のうちにこの町を離れた。

第三章　コスモポリタンの街ペナン

「東洋の真珠」ペナン

ペナン島は淡路島の半分にも満たない、ウミガメに似た形をした島である。町の中心は、港から真っすぐ伸びていったジョージタウン。ウミガメの右足から肩にかけて広がっている。欧米人はペナン島を「東洋の真珠」と呼んだが、なるほど美しい島である。

ある年の八月中旬の早朝、町がすっぽりと白い雨に煙るなかを朝市に出かけたとき、

♬雨が小粒の真珠なら、恋はピンクのバラの花

という歌があったことを思いだした。

実際ペナンには雨がよく似合う。そのためか、どこか異国の港町で遠い昔、白い別れの朝があったことを、懐かしく想いださせてくれる、そんな街である。

マラッカ海峡の一画に良港を有するペナンは、イギリス東インド会社の夢の跡と言われる。胡椒など香辛料の積出港として、栄えてきた町である。

気候がよく、風光明媚なところから、イギリス人のあとを追うようにインド人、中国人、マレー人、インドネシア人などもこの島に移り住んできた。そのためにインド人街、中国人街、マレー人街などのコロニーが現存している。

郊外に出ると、白亜の建物と黄褐色の屋根瓦、広い芝生を南洋の植物が取り囲むイギリ

ス植民地風の様は、シンガポールの景観によく似ている。シンガポールについで、イギリスの国際戦略上の拠点となっていたことに納得がいった。

二〇世紀に入ると日本でも、横浜や神戸を出た欧州航路、インド洋航路の船が、必ず立ち寄ったのが、シンガポールとペナンであった。

カラユキさんからはじまった日本人町

ペナンも最初に定住したのは、シンガポールやボルネオ同様、カラユキさんたちであった。その意味では彼女たちが、明治の世が明けると若者たちのあいだに叫ばれた海外雄飛の先達をつとめたことになる。ことに南洋へ驥足《きそく》を展ばした日本人たちのなかで、彼女たちの存在は大きい。

ペナン島の一九二〇年（大正九）の資料では、中心地ジョージタウンには二〇七人の日本人が住み、職業は「賤業者」、つまり売春関係者が女一二六人、男四人と記されている。意外なことに、映画館が二軒あり、男女の活動弁士（活弁）がいたとはいえ、男二〇人、女が三人いる。かかっていたのは歌舞伎や人形浄瑠璃の映画が半分で、残りは洋物であった。

現地日本人会の事情通が言っていた。

ほかに娯楽がない時代ですから、客の多くはカラユキさんです。夜鷹は昼間は暇をもてあましていますからね。娼館に灯がともるのは、陽が暮れかかってからです

ほかには宿屋が二軒、写真館、歯科医、医師、僧侶、大工、薬剤店、理髪店（美容室）などとなっている。

これが日本人二〇七人からカラユキさんたちを差し引いた正業者七七人の内訳である。荷役関係者、船乗り、貿易商など、短期滞在者がいたことがわかっているから、正業者の数は増大して、現地人を相手に商売していたとみられる。

当初はカラユキさん相手に、開業した薬剤店、医師、歯科医も、イギリス人のところより格安で、対応も丁寧だったことから、マレー人、インド人、中国人、そしてイギリス人さえも、日本人町に来た。「安くて応対がよい」「腕がよい」は、昔から日本人の特質だったのである。

発展した日本人社会

『南洋の五十年』という資料は昭和一三年に発刊された、日本人の活動を記した本である。

彼南《ペナン》の部の大正四年をみると、シンガポールの藤井領事が視察にきて、在留邦人に日本人会の設立を督促した。

そこで七人の役員が選挙で選出され、このなかの長田利明（福岡県出身）は歯科医、安藤純一郎（長崎県出身）が医師、朝日ホテルの主人山田新助らであった。

彼らはまず小学校を建てたが、高学年になると、寄宿舎が完備されたシンガポールの学校に子どもを行かせたケースが多かった。

日本人会は、日本人墓地の用地買収と墓所を建立していた事実も、記録に記されている。大正六年のことで、墓地の用地購入に必要な一二〇〇ドルの寄付金が集められている。

シンガポールと同様に、ここでも戦前は日本の皇族、著名人が寄港する度に、盛大な歓迎会が催されたが、異国にいる人ほど、その傾向が強く、これは今日でも変わらない。

ちなみに一九二〇年（大正九）の歓迎会で出迎えた皇族には、東久邇宮稔彦《ひがしくにのみやなるひこ》、北白川《きたしらかわの》宮成久《みやなるひさ》、朝香《あさか》鳩彦《やすひこ》、賀陽宮恒憲《かやのみやつねのり》ほか、妃殿下たちの名が記載されているが、いずれもヨーロッパへの途次立ち寄ったものだった。着物姿のカラユキさんたちも、日の丸の小旗を力いっぱい振ったと、記録にある。

昭和初期の日本横街・シントラ通り

昭和に入るとペナン日本人町の様相も変わり、彼らの姿も鮮明度が増してくる。

先の『南洋の五十年』の名簿に記載されている日本人は、四七人で、姓名、生年月、原籍地、現住地、商店名其ノ他、開業年月、渡来した年月の順に綴られている。

いつ名簿が作成されたかが問題になるが、和歌山県東牟婁《ひがしむろ》郡出身の浦野群之輔（三三歳）が、昭和一〇年四月、チュリア通りに日本歯科医院を開業したことが記されているので、資料が刊行される昭和一三年の直前の状況とみることができる。

これによると、歯科医院は三軒あり、大正四年、ペナン通りに開業した長田歯科医院には三人の歯科医がいたので、合計六人。医者は前出安藤純一郎が院長の、ペナン通りにある安藤医院だけで、薬局はチュリア通りの日本薬房一軒だけである。

写真館はペナン通りに二軒あり、従業員含めて三人、理髪業（髪結を含む）は五軒で従業員を含め六人、製靴業（靴商を含む）三軒、旅館業四軒などとなっている。そのほかには、商店が四軒、僧侶二人、菓子屋、時計店各一戸となっている。

しかしこの数値には、ある重要な事実が欠落していた。「賤業者」とみなす人間たちが形成する区域の日本人が含まれていないことである。それが後述のシントラ通りのカラユ

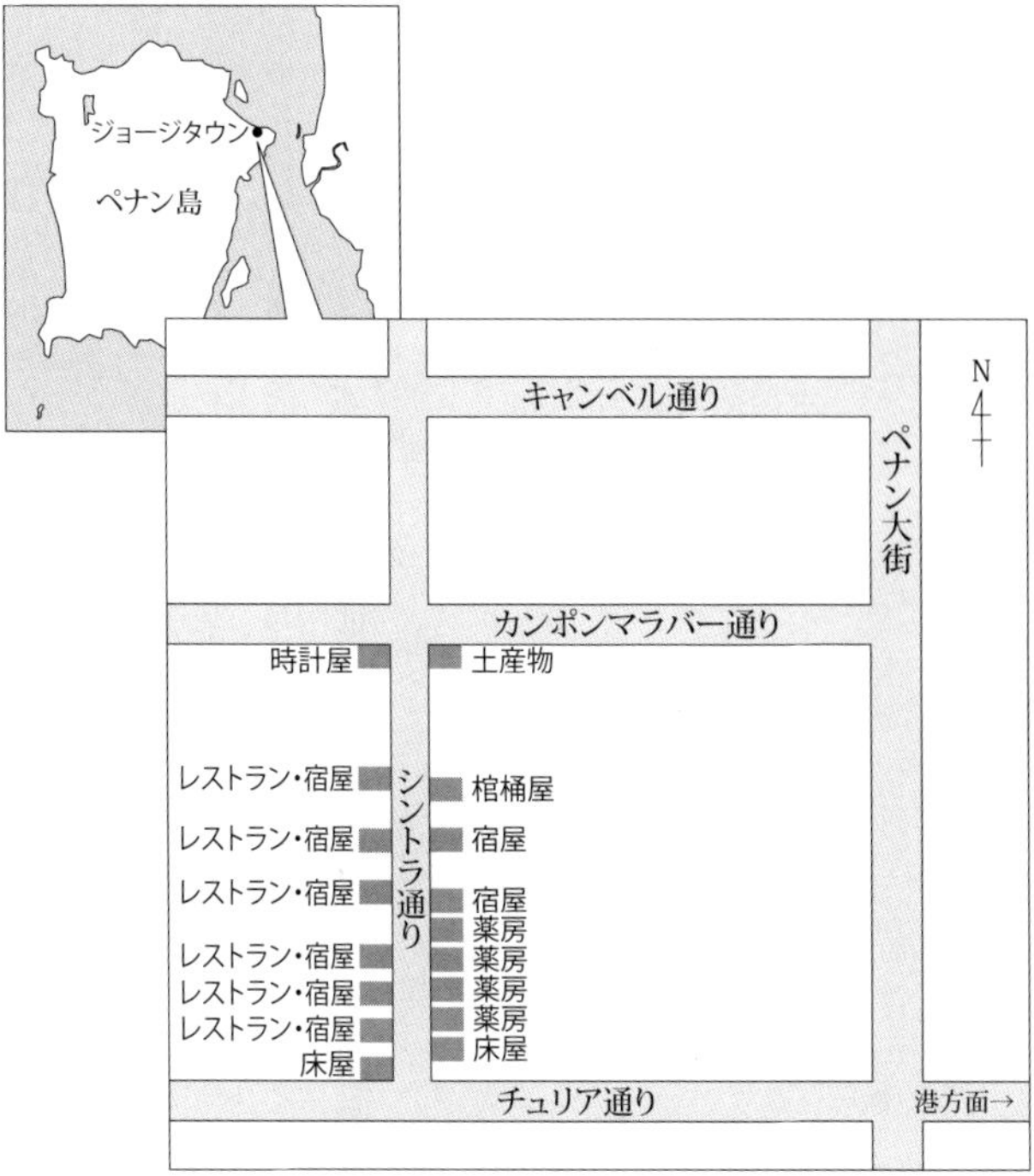
ジョージタウン
ペナン島
キャンベル通り
ペナン大街
N
カンポンマラバー通り
時計屋
土産物
レストラン・宿屋
シントラ通り
棺桶屋
レストラン・宿屋
宿屋
レストラン・宿屋
宿屋
薬房
レストラン・宿屋
薬房
レストラン・宿屋
薬房
レストラン・宿屋
薬房
床屋
床屋
チュリア通り
港方面→

ペナン日本人街

キさんであり、彼女らを相手にはじめた薬房、雑貨商、理髪店、歯科医らも含まれていない。日本人会の名簿の住所を見ると、シントラ通りに店を構えたり、居住する人は一人も見当たらない。

それには、まず日本人町の地図を簡単にみる必要がある。わたしが滞在中に泊まっていたホテルがある通りは、この界隈で最も大きなペナン大街で南北に延び、どこからでも港まで歩いていける距離にある。前出の長田歯科医院や安藤医院、日本人が経営する電気屋、写真館のほかに、大阪屋という大きな食料品店があり、この店のかき氷は、地元民に受けて繁盛していたそうだ。

わたしがいたシティテル・ホテルからペナン大街を北に向かうと、一〇〇メートルも行かないうちに左に折れるチュリア通りと交差する。以前は路面電車が通っていた名残で、レールの跡が残っている。

ここは前出の歯科医院や日本薬房、稲置商店、日本の貿易商が店を構える繁華街だった。チュリア通りをそのまま二〇〇メートル行くと、右に折れる細いシントラ通りはここからはじまる。

ペナンではこれが「日本横街」とも呼ばれる通りで、両側には大勢のカラユキさんを置く娼館や宿屋、理髪店、薬房が並んでいた。

そのまま進むとカンポンマラバーという小さな通りで右に折れるが、右に折れてしまうと、元のペナン大街に出ることになる。この通りは日本新路と呼ばれていた。つまりペナン大街、これと並行するシントラ通り、そしてチュリア通りと日本新路（カンポンマラバー）に囲まれた、一辺が二〇〇メートルほどの四角形の区域が日本人町である。

だが、人力車が行き交う夜の歓楽街シントラ通りは、さらにキャンベル通りまで延びているので、ここまでが日本人町の延長部分。結局日本人がかかわったシントラ通りは、角から見通しても四〇〇メートルはある。

港に降り立った船員たちが人に尋ねなくても、容易に歓楽街にたどり着けるのは、独特の嗅覚があるからだといわれる。多くは繁華街の影の一画にあるというが、中国人街の雰囲気がガイド役を務めるらしい。なるほどシントラの夜の繁華街は、港から中国人街を抜けて裏手にあった。

ペナンの娼館はコスモポリタンの都市だけあって、日本人のほかに中国人、マレー人、インド人のほかに、白人系の女性もいた。

戦前のペナンを知る、元日本人会の会員が言っていた。

外国人客の間でも、日本女性は評判がよかったです。わたしも若くて元気なころでしたから、ハメをはずすことがありましたが、やっぱり日本女性がよかったです。情があってひかえ目でしたから。

なかには、終わって部屋を出るとき三つ指ついて、どうもお粗末さまでしたという娘もいましたからね

往時のままのシントラ通り

日本から流れついたカラユキさんの町シントラ通りは、昭和初期の歓楽街のたたずまいが、今日でもそのままの姿をみせている不思議な通りである。実際、シンガポールをはじめ、旧日本町はどこも「昔ここにありき」で、訪ねてくる人を戸惑わせる。

明治は遠くなりにけりで、昭和に入ってすぐにできあがったせいもあるだろう。フィリピンのマニラとダバオ、ボルネオのサンダカン（現マレーシア）のように、太平洋戦争の戦渦に巻き込まれなかったことが大きかった。かといって、タイのアユタヤやベトナムのホイアンのように四〇〇年もまえの時代でもなく、日本人町としては歴史が浅かったこととも無縁でなさそうだ。

シントラ通りは、雨や強い日差しを避けるため、どの家並みも二階が二メートルほど迫り出しているので、歩行者は一階の軒下のテラスを歩くことになる。チュリア通りから入

1階は理髪店。2階はホテル

ると、左角が「日本人横街」時代の髪結を兼ねた理髪業「美都・理髪廳」（「シントラ・ヘリテージ・ハウス」という英語名になったホテル）という屋号が、薄水色の太い柱に書かれている。ペナンは彼女たちにも美しい都だったのだ。

一階は扉も窓枠もすべて同じ薄水色で、今はワインやビールが棚に整然と並んだバーになっている。客のいないカウンターに、浅黒いマレー系の若い女が、通りをぼんやり眺めていた。

二階をみると、床から天井付近まで届くような木の扉が、茶色に塗り直してある。だがこの理髪廳は隣の二軒分を買い取って拡大され、なかに入ると狭い入り組んだ棟が不規則に並んでいる。

今はホテルになっているが、明らかに戦前は売春宿で、六畳に満たない各部屋には、古びた大きな扇風機が天井に取り付けたままになっている。「今はもちろん、どの部屋もクーラー付きです。トイレとシャワーは共同だけど、値段は九〇リンギット（二二五〇円）と安いです」と、中華系の中年の女従業員が言った。屋号の横に「冷気」と書いてあったが、当時は「扇風機付き」という意味だった。

道を挟んで反対の角も理髪業で、こちらは「美麗理髪廳」。なかはわたしが子どものころ見かけたのと同じような、肘掛が付いた椅子が五台並び、正面には大きな鏡があった。

シントラ通りの朽ち果てた売春宿

しかしその隣の三軒はペンキが剝げ落ち、扉も破れたままで天井は一部が崩れ落ち、人の住んでいる気配はない。なかの造りは明らかに、カラユキさんたちの夢の跡だった。通りに面したテラスで彼女たちは客を待ち、この部屋で客を相手にしていたことになる。

さらに行くと薬房が四軒もあり、いずれも間口は狭いが奥行きがある。マムシの粉末や乾燥した薬草の類などが大きなガラス瓶に収められ、客の症状に合わせて調合してくれる。一風変わった店舗もあった。棺桶を製造販売する店で、マホガニー調の立派な棺が店頭に並んでいた。

通りかかったアメリカ人らしい老夫婦の夫の方が奥さんに「オー、コフィン」と告げて、苦笑し合っていた。運ぶための金具が付いたマホガニー調の棺だ。たしかに立派な棺だが、通りに面して堂々と展示している感覚がわからない。棺のなかに入りたい人は誰もいるはずがないのに。わたしは不快な心持ちでその場を離れた。

小さな旅館も三軒あり、そのなかの一軒は欧米人に人気がある。内部はマホガニーを基調にしたクラシック風に改装され、値段も四〇〇リンギット（一万円）以上する。西洋人のなかにはアジアに来ても、自分たちの伝統文化にこだわる人種がまだいるようだ。

シントラの通りと交差する角には、漢字で「日本横街⇒」の標識が立ち、傍らには往時のままの柄の長い木製の人力車が置いてある。木の車輪の外側には鉄の輪が付いていた。客の送り迎えに使われていたことが、展示されていた写真でわかった。「日本横街」もそれなりに様変わりしたはずだが、ここかしこに、日本の風情や面影を残している様がうれしかった。

LEBUH CITRA（マレー語でシントラ通り）。その下に「日本横街」の文字が見える

ペナン滞在中、一夜を前出「美都・理髪廳」で過ごした。狭い中庭の階段を登った廊下の突き当たりの部屋だった。

この部屋もカラユキさんの職場だったのだ。彼女は無事に郷里に還ったのかな？　それともこの地に没したのかな？

彼女の温もりはとうの昔に消え失せ、ひんやりしたベッドの上で、止まったままの天井の古い大きな扇風機の羽根を見つめていた。この羽根は、彼女の一部始終を見つめていた生き証人だな。そんな妄想が頭のなかをかけめぐっていた。

翌朝、ホテルの前のテラスに腰かけて冷たい茶を飲んでいると、不意に三〇歳ぐらいの女性から声をかけられた。

「昨夜は赤い半袖シャツだったね。チュリア通りでみかけたよ」

そういえば、ペナン大街で夕食に中華を食べたあと、チュリア通りを通ってホテルに戻るとき、何人かの夜の姫君が、「五〇リンギット（一二五〇円）でどう？」と声をかけてきたことを思いだした。

彼女はそのなかの一人だったのだ。日本の著名な女優にどこか似ていたから中国人かと思ったが、意外にも、「インドネシアからきたの。国には一三歳と六歳の子どもがいるけど、亭主とは三年前に別れたよ」と、たどたどしい英語で応えた。

かつてのカラユキさんの密集地の近くに、今もこの類の女性がいることが驚きだった。時は移ろってもこの界隈には、そんなオーラが漂っているらしい。

そう思いながら、肉付きがよく、意外と健康そうな彼女の後姿を見送った。

朝日ホテルと諜報機関

ペナンには大正から昭和にかけて、「朝日」の名で知られたかなり有名なホテルがあった。むろん日本では有名という意味である。

シンガポールの越後屋の創業者高橋忠平のペナン版ともいってよい山田新助が主人で、南洋で一旗揚げ、成功をおさめた男である。ペナン日本人会の設立にもかかわった筆頭理事であるから、現地の日本人社会の有力者であるが、日本人以外の現地人とも深いつながりがあるとみられていた。

意外なことだが、山田が経営するホテルは、「満州の夜の帝王」と呼ばれた甘粕正彦元憲兵大尉の定宿であったことを、アジア各地に甘粕の足跡を訪ねているうちに、知ることになった。むろん甘粕と山田の間には、公言できない秘密があったことは間違いない。

では満州の甘粕が、ペナンで何をしていたのか。この風雲のテロリストの行動は、いつも謎に満ちていたが、この当時は、すでに満州国協和会（満州国政府の宣伝機関）の総務部長という、表の顔があった。

その一方で、満州から南方まで秘密工作する甘粕機関のネットワークを拡大したい甘粕にとって、山田新助は得難い協力者であった。ペナンに根をおろした山田は、広い情報網と手足になって動く手下をもち、インド人、マレー人、華僑の有力者とのつながりがあったからである。

こうした裏世界の顔役でもある甘粕の横顔の一端を、日頃から親しくしていた満州国司法部刑事科長を務めた武藤富男がみていた。このときは国務院総務庁の弘報処長をしていたが、気がおけない仲間とはいえ法の番人であるからその目は鋭く、甘粕の行動には関心があった。

これは一九三八年（昭和一三）夏のことだったが、念願の満州国を承認してくれたドイツ、イタリア、スペインのフランコ政権への答礼の遣欧使節団が、大連からヨーロッパに向かっていた。甘粕率いる二六人からなる満州国を代表するミッションであったが、団員の武藤は甘粕の奇妙な行動に気が付いた。

船がシンガポールに寄港すると、船旅にあきた船客はみんな市内見物にでかけたのに、甘粕は独り黙々と甲板から釣り糸を垂れていたからである。

そこで武藤がわけを尋ねると、甘粕が応えた。

ここで少し悪さをしたことがありましてね。英国の官憲がわたしの身柄を拘束したりしたら、使節に迷惑がかかるから、おとなしくしているんですよ。

（武藤富男『私と満州国』）

今までにも甘粕が行き先も告げずに、満州国の首都新京（現長春）から姿を消すことがあったから、おおかた北満か上海あたりで、アヘンがらみの秘密工作をしているのだろう。武藤はそう見当をつけていたのだが、南方まで甘粕機関の勢力が伸びていることにはじめて気が付いた。

そして八月の中旬になり、船がペナンに寄港したときのことである。

船が埠頭につくと、十数人の日本人が甘粕の出迎えに出ていたが、そのなかの一人が、朝日ホテルの主人山田新助だった。甘粕と同じ明治二四年生まれの山田は、明治の末に福岡の柳川から南洋に渡ってきた男で、ペナンに住み着くと、ホテルを開業した。一九一四年（大正三）のことである。

ところが、満州の甘粕が関東軍の黒幕にのしあがるのと機を同じくして、日本は南方の天然資源に注目しはじめた。

私がまったくなく、すべては国家のためと割り切っている甘粕であるが、彼の読みは、かならず日本は動きだす、であった。

なかでも喉から手が出るほどほしいのは、蘭印の石油である。

実際に甘粕が動きだしたのは、曲がりなりにも満州国が建国された昭和七年（一九三二）三月からまだ日が浅く、国際連盟から脱退（昭和八年三月）して孤立化をはじめた直後からである。

当時は石油の八五パーセントは、アメリカからの輸入に依存していた時代であるが、日米間に一朝有事のときはどうするか。石油獲得は日本の悲願だったのである。

だが日本軍が南方に動けば、イギリスが立ちはだかる。そのイギリスの背後にはアメリカがいる。

そこで甘粕が狙ったのは、マレー半島に広がっているインド軍義勇兵の勢力に手を貸して、インド独立運動を加速させることにあった。そのとき甘粕が目を付けたのは、南方各地に根をおろした日本人である。

彼らは正業をもっているから現地人とつながりがあり、各地に日本人のコミュニティーを作っていて団結力も強い。当然、情報もたくさんもっている。

しかも海外にいる日本人ほど皇室崇拝者が多く、彼らは国家と天皇の軍隊に協力しろと言われれば、命さえ投げだす者たちだった。将来、陸軍が南方へ勢力を伸ばすためには、諜報活動の手先として、格好の相手をみつけだしたのである。

そこで甘粕正彦は中国大陸に広く送り込んでいた甘粕機関の諜報員の一部を、南方に潜入させたのである。これに呼応して藤原機関（光機関）も動きだす。

さて、満州国の代表団を乗せてヨーロッパへ向かう船が停泊するなか、ペナンの観光を終えた使節団や一等船客たちが、甘粕に招かれて朝日ホテルの庭に行ってみると、下船前に甘粕が言っていたとおり、大きな椰子の木が涼しげな木陰を作っている。

それから庭の木陰で辛い本場のカレーに舌鼓を打っていると、甘粕が朝日ホテルの主人に向かって、追加の飲み物だ、アイスクリームだ、果物だと言いつけるたびに、現地人の従業員たちが、テキパキと運んできた。

それが終わると、甘粕は山田に向かって少し声を落として、「例の物を船に届けておいて下さい。パーサーにはもう言っておきました」と告げた。山田が、「はい、承知しました。いつもより多めに届けておきましょう」と応じて、手下の日本人たちに合図を送ると、彼らは甘粕に一瞥くれて姿を消した。

なるほど甘粕が指示するたびに、機械仕掛けのように、手足になって動いている連中ばかりである。

彼らの様子からすると、甘粕がペナンにもしばしば来ていたことは明白だった。甘粕の秘密機関が南方に手を伸ばしていた事実の一端がみえたのである。

結局、「例の物」の正体はわからず仕舞いだった。人に知られたくない品に違いないが、表向きはスコッチ・ウイスキーだったと、新京大和ホテルで甘粕の部屋に出入りしていた李香蘭（山口淑子）が言っていた（山口淑子・藤原作弥『李香蘭 私の半生』）。

当時、新京駅前にあるヤマトホテルの甘粕の部屋には、いつもスコッチのホワイト・ホースがたくさん置いてあり、南方との関わりがあることが見て取れた。

甘粕をよく知る李香蘭は、ウイスキーは南方のある機関からスコッチが何本も送られてきて絶えることがなかった。一日の仕事が終わると、必ずウイスキーをあおり、その日のことを忘れ、ついでに、さまざまな過去も忘れようとしていたかのようだった、と自叙伝に書いている。

だが、甘粕の狙いはウイスキーなどではなく、情報収集だけが任務でもなかった。満州国が押さえている蒙疆《もうきょう》（現内モンゴル自治区の一部）地区からの膨大なアヘンをひろく東南アジアに売りさばいて資金を作り、インドの独立運動を支援することだった。

これはマレー半島にひろく展開しているインド独立運動の志士たちを金銭面で支援して英国から離反させ、日本が南方に進出したときには、日本側に協力させるためだった。アヘンの取引の大元とインド独立運動の地下組織がペナンにいたためとみられる。

その甘粕の定宿だったのは、前出山田新助が経営する朝日ホテルであった。甘粕機関の機関員を常駐させていたが、なかの密室に組織が置かれていたとみられている。

今から三十数年まえに訪れたとき、朝日ホテルは現存していたが、現在は建て替えられてビルになってしまっている。港に面した海岸通りのフェリー発着所の向かいで、甘粕が言った「大きな椰子」は数が増えて鬱蒼とした姿で建物の裏側に現存していた。

その場に立ちつくして、日本のためにという甘粕なりの論理で、満州を裏で操作していた彼のことを考えてみた。イギリスからインドの独立を同時に考えていたことまではわかるのだが、「インド人のため」という志向もあったのかどうか、今でもわからない。

日本人墓地

ペナンの日本人墓地は、ジョージタウン郊外のラムリー通りにある、往年の名歌手P・ラムリーの記念館に隣接していた。なかは芝生に墓石が整然と並んでいるが、全部で五六基しかない。いずれも明治時代に建てられたものばかりである。

例外的に、一四人の水兵の遺骨一四体がこの地に埋葬され、共同墓碑が建てられた。大正七年（一九一八）、軍艦最上《もがみ》の船内で悪性インフルエンザが発生したため、ペナンに緊急入港して、重症者は病院に収容されたが結局、一四人が死亡したという大惨事のためである。

一九一八年といえば、第一次世界大戦が終了した年である。各国の兵士がヨーロッパの戦場から母国に還ったことで蔓延したスペイン風邪が世界中に流行した年であるから、最上もどこかの港に寄港した折、感染したのかもしれない。現在の新型コロナを想起させることになるが、大きな墓碑には、「軍艦最上病没諸士之碑」とあり、一四名の階級と氏名のほかに、大正七年一一月と、刻まれている。

このペナンの日本人墓地のカラユキさんの墓石をみていくと、「木村キワ」「松下娘子」

の名があった。木村キワが長崎県天草の出身、松下娘子は、「娘子」がカラユキさんの別称であることから、彼女たちはシントラ通りにいた女性とみられる。

　なかには長崎県南高来《みなみたかき》郡出身の松尾ヤソのように、キリシタンの末裔らしいカラユキさんもいる。最も多い墓石は長崎出身の娘たちである。では大正、昭和の日本人とカラユキさんはどうしたのか。

　近くにはイギリス人、中国人、インド人の墓地もあるが、コスモポリタンの街ペナンは、

日本人墓地入口

悪性インフルエンザで亡くなった軍艦最上の乗組員14名の墓

それぞれの人生の縮図が濃密度で凝縮されているはずである。だがカラユキさんたちの多くはこの地に骨を埋めたはずなのに、痕跡が消えたか不明なのは、不思議というほかはない。

これは推測であるが、昭和期に入ってからのペナンの日本人名簿には、賤業者の名前が記載されていないことと関係があるに違いない。つまり日本人町シントラ通りの彼女たちは、日本人墓地に入れなかったとみられる。

現地日本人会の資料には「賤業者」と書かれているから、「われわれと一緒にされては困る」という言い分があるらしい。

明治39年（1906）に亡くなった天草出身の木村キワの墓。シントラ通りにいた女性と推定される

松尾ヤツ墓。長崎県南高来郡出身で、隠れキリシタンの子孫と推定される

第四章　日本を魅了したボルネオ島

ボルネオ島の現在

フィリピン群島の南西、スマトラとセレベスの間にボルネオ島はある。島といっても、日本の本州の三倍もあるから、かなりの大きさである。

このボルネオ島は、戦前の日本には特別の意味をもっていた。奇怪な熱帯雨林が奥地にまで伸びるこの地に産する、豊かな油田と鉄鉱石に熱い視線が向けられていたからである。なかでも石油が喉から手が出るほどほしい日本海軍には、天然資源の宝庫と映っていた。

かえりみれば、二〇世紀は石油文明の時代であった。石油は二〇世紀に入ると、それまでの石炭にとって代わる革命的エネルギーとして注目されるようになり、一九〇三年にアメリカのライト兄弟が石油を精製したガソリンを燃料にした飛行機の初飛行に成功すると、またたく間に航空機の時代になった。

さらに日常の移動・輸送手段として自動車が実用化され、船舶も高速化時代に入って重油が燃料になってきた。石油文明の時代の到来であり、油を制する国は世界を制す時代となってきた。

ところが日本はといえば、原油も鉄鉱石も、ほとんどをアメリカに依存していた。ちなみに日米開戦前夜すら、輸入する原油のほとんどをアメリカに依存しているありさまである。

そこで開戦が避けられなくなり、アメリカが禁輸措置をとると、石油の宝庫として蘭印とボルネオは日本の生命線となったのである。

サンダカンの妖しき灯火

ボルネオは、別の意味でも日本人の関心をよんでいた。戦前の作家高崎隆治は、『ボルネオの灯は見えるか』のなかで、謎の多い作家仲間里村欣三の生涯を、「里村は異界の地ボルネオに、自由を追い求めていた。なかでもサンダカンに行きたがっていた」と書いている。戦前のボルネオ（現マレーシア）はイギリス領とオランダ領に分かれていたが、サンダカンはイギリス領北ボルネオであった。

では作家里村欣三は、ボルネオ・サンダカンの何に憧れていたのか。ここで山下奉文中将率いる日本軍のシンガポール攻略戦の際に、従軍作家としてマレー半島を攻め下る途中から姿を消した前歴があったことがカギを握ってくる。

のちの一九四三年（昭和一八）、突如ボルネオのサンダカンに現れた里村は、あの三週間は本当に自由だったと言っている。謎につつまれた脱走従軍文士の自由とは、軍隊に拘束されない自由というよりは、猛獣や毒蛇、奇怪な野鳥やオランウータンなどが棲息し、人食い人種もいると言われた異界の地に、得もいわれぬ生命の輝きを見いだしたかったようである。

実際、軍属の仲間と川舟を仕立て、サンダカン郊外の鬱蒼とした森の間を流れる清流を数日間さかのぼり、さる集落を訪ねた。そこはムルット族の暮らす奇怪な集落で、男たちは腰箕《こしみの》姿、腰巻姿の女たちは乳房を出したままだった。

早速男たちは里村たちを狩猟に誘い、イノシシなどの獲物をもって村に帰ると、酒宴を張って歓待してくれた。熾烈《しれつ》な戦いのつづく戦地と違い、文明世界から離れた彼ら彼女らとの交歓はよほど楽しかったらしい。これが里村に、あの三週間は本当に自由だったと言わしめたとみられる。

だが奇怪な集落を訪ねる起点は、サンダカンである。実際にサンダカンに行く以前から、里村はぜひ行きたいと言っていたので、カラユキさんたちの実態を見つめてみたかった可能性もある。

サンダカンの日本娘たち

そこで南洋に渡っていく大和撫子の話になるが、彼女たちの総称カラユキさんとは唐人《からひと》行《ゆき》、または唐《から》ん国行《くにゆき》が短縮された言葉だそうだ。幕末から昭和初期にいたるまで、中国大陸や東南アジア、アメリカまで渡ってゆき、売春行為をして日本に送金していた女性たちのことである。

彼女らについての資料は種々あるが、そのなかでも、近代日本女性史研究家山崎朋子の『サンダカン八番娼館』によって、社会的に注目されるようになった。一九七三年のことである。サンダカンとは聞きなれない地名であったが、南洋ボルネオ島の街であったことが、カラユキさんとともに、このときから日本中に広く知られるようになった。

山崎朋子が聞き取りして書いたカラユキさんたちは、はじめからサンダカン行きが視野にあったわけではなかった。ただ漠然と「光が燦々と輝く南洋」「いい奉公口がある」「近隣の○○村からも、一〇人も二〇人も娘たちが南洋に出かけていく」のような情報に動かされた、気軽な気持ちだったと彼女たちは証言している。

南洋は、彼女たちには実態のない玉虫色のロマンをかき立てる地でしかなかったのは事実だろうが、〝ワシがどげんかせんといかんばい〟という郷里の貧しさと責任感が根底にある。心細さを、「仲間がいるから」という同郷の連帯感で打ち消し、若さで乗り切ろうとした彼女たち。

だがそんなとき、貧しさにつけ込む不逞《ふてい》の輩が介在してくるのは、近代日本女性史に付きものの現象である。女衒《ぜげん》といわれる女郎屋への斡旋業者のことで、彼女たちから〈親方〉と呼ばれていた。娘たちが日本を発つとき、三〇〇円が親方から親族に支払われていたが、現地に着いたら彼女たちが負わされた借金は、二〇〇〇円にもなっていることが珍しくなかった。船賃や諸経費がかかっていたにしても、あくどいやり口である。しかもまだ初潮もみない一二、三歳の若い子には、残酷な大人の世界が容赦なくのしかかる。

客は英国人、オランダ人、フランス人のほかに、中国人、彼女らが土人と呼ぶインド人、マレー人やインドネシア人のほかに、日本人もいた。花代は国籍に関係なく同一で、すぐ帰る客は二円、泊まりは一〇円だった。うち、親方の取り分は半分で、残りの半分が彼女たちの取り分になった。親方は部屋と三度の食事を与えたが、着物代と化粧品代が彼女たちの持ち分であった。

病気になれば親方から借りることになり、高利が加算されるから雪だるま式に借金はかさみ、借財はいっこうに減らなかったが、それでも彼女たちは必死に稼いで、家に仕送りした。彼女たちの多くは字が書けなかったから、字の書ける仲間や親方の助けをかりることになる。

大正五年(一九一六)に刊行された『邦人新発展地としての北ボルネオ』(三穂五郎)には、サンダカンの日本人が経営する店が次のように報告されている。

写真屋一(男二、女一)、雑貨屋一(男二、女一)、洗濯屋一(男二)、旅人宿二(男七、女二）、大工一（男二）、菓子屋一（男二＋男一、女一）、賤業屋七（男七、女二一、内賤業婦一九）である。

七軒の売春宿に売春婦が一九人いたことになる。男も七人働いていて、そのうち何人かが女衒を兼ねた経営者、残りは用心棒の類とみられる。

山崎朋子が書いた『サンダカン八番娼館』の主人公山川サキたちがいた大正中頃から昭和初期には売春宿は九軒、一九人の売春婦（醜業婦）のほかに、中国人の妾一、マレー人妾四、フィリピン人妾一、椰子のプランテーション経営者八、同夫人六、ゴム園労働者一とその夫人となっている。ちなみに妾とは、側室という意味とはかぎらず、一般女性も含まれている。

結局、合計男三五、女四六人が日本人であり、マニラやダバオ、シンガポールの日本人社会よりも、ずっと少ない規模である。多くは当初めざしたシンガポールの日本人社会に入り込めず、サンダカンに流れてきた人間たちであった。

山崎朋子が取材した山川サキの場合は、由中某なる者にだまされて天草からサンダカンにやってきたが、あくどい由中は自ら経営者として女性たちを酷使した。船が港に入ったときには、一日三〇人もの男を相手にさせられたという。

彼女たちは、日本を発つときに聞かせられていた通り、一日三度の白米は食べることができたようで「赤まんま（タイ米）だいうても、いつも腹一杯食べられたばい、うれしかったと」という言葉を遺している。タイ米一升に、もち米二合の割合で炊くと、粘り気が出てちょうどよかった。

今日のサンダカンの表情

　令和二年二月中旬の昼下がり、ボルネオ島サンダカンの中心街を歩いてみた。二月のせいか、赤道直下にしては暑さをそれほど感じない。めざすサンダカン八番娼館のあったジャラン・ティガ（日本語で三番街）通りは、海岸線と並行に走る大通りエンパットから二本目の通りに見つかった。

　そこは山崎朋子の作品『サンダカン八番娼館』で日本でも広く知られるようになったが、それまではサンダカンの地名さえ馴染みのうすい地であ

「八番娼館」はジャラン・ティガ通りにある（左角の薬局）

った。

八番娼館は現在では五階建ての建物で、一階が薬局、上階は雑多なオフィスとして使用されている。「BORNEO DISPENSARY」の表看板と並んで、漢字で「婆羅州西薬房」(現地語でボルネオ西薬局の意) と書かれている。

来意を告げると、インド系の女性オーナーが愛想よく応対にでて、

ここは日本では有名な場所ですよ。以前はテレビが入ったり、旅行で訪ねてくる女性もけっこういました

と言ったあと、英語がすこぶる上手い三〇代後半と思しき中華系の女性が、話の後を引き受けた。

一階のこのあたりは、女性たちが客と交渉したところで、成立すると外側の階段から二階へ連れていったと聞いています。そこは彼女たちの日常の生活空間でしたが、こんな話は、あまり大っぴらには言えないことですけど

と言ってから、あとの言葉を濁した。

『サンダカン八番娼館』の主人公山川サキは、はじめの五年間は同じ通りの三番娼館にいたが、四年後に娼館の持主が木下クニという天草出身の、女傑ながら心根のやさしい女性に替わり、八番娼館での生活は「楽しかった」という。

仲間同士で、「南洋に来てよかったばい」「日本に帰らんでよか」と口々に言いあったが、この地の解放感だけでなく、蔑んだ目でみられなくてすむ、という意味も含んでいるようにみえる。

木下クニは、サンダカンに住み着いたはじめての日本女性ということになっている。彼女は明治の世が明ける前の安政元年（一八五四）七月、熊本県天草郡二江《ふたえ》村に生まれている。若いころ横浜に出てきて英国人と結婚するが、三味線がうまかったというから芸者だったようである。

夫の死後、明治一八年（一八八五）にシンガポールにやってきて、雑貨屋と娼館を経営するつもりでいたが、縄張りがきつくて入り込めないでいた。だが一念発起で日本をあとにしてきたからには、こんなことでへこたれるわけにはいかない。

そんなとき、「ボルネオのサンダカンなら、支配しているのは中国人と、数人の日本人だけだから可能性がある」と聞いて、当地に渡ってきた。

現在と違ってパスポートなしの渡航が少しもめずらしくないから、厳密にいえば密航である。もっとも東南アジアの国々は、華僑、インド人、インドネシア人、マレー人、そして日本人もみなこうして集まってきて、自分たちの社会を築いていた。強いていえば、同じ言語や訛りが互いの信頼感、安心感につながるパスポートであった。

そこで木下クニが交渉術を発揮して入り込んだのが、現在のジャラン・ティガ通りであった。中国人の娼館が並ぶ通りの向かい側で、すでに日本人の経営する娼館もあった。そしてクニの商売も軌道に乗り、日本人社会では男顔負けの女親分にのし上がっていた。

当時のバタヴィア（現インドネシアの首都ジャカルタ）領事染谷成章の一文『英領北ボルネオ州移民状況』には、次のように記されている。

明治一八年長崎県人（熊本県人の誤り）、木下クニナルモノ賤業ニ従事スル目的ヲ以テ同地ニ渡来シ爾来本邦人ノ来着数次第ニ増加シタルモ其多数ハ一時限リノ住民ニシテ土着者極テ少シ

だがクニには故郷に錦を飾る気持ちは毛頭なかった。

木下クニが三番娼館から八番娼館に山川サキを引き取ったとき、サキは一七、八歳であ

るからクニは四七、八歳ほどになっていたことになる。

郷里が同じ天草で、訛りも同じサキを可愛がったと思われるが、クニには郷里云々を超えた懐の広さがうかがえる。困っている者にはだれかれの区別なく助ける、仁と義侠心の持主だった。

現在の八番娼館界隈

「婆羅州西薬房」の看板が立つ、山川サキらが落ち着いた八番娼館は、現在のジャラン・ティガ六五番地にあり、大通りを西に曲がって角から五軒目である。

隣接するクリニックは、「何代まえからつづいているのか、見当がつかない」と薬局になった旧八番娼館の女主人が言っていた。売春街には医院と薬局があったのは、シンガポールやペナン、ジョホールバルでも同じであったから、セットになっていたらしい。

この婆羅州西薬房から通りに面して左方向に向かって日本人の経営する売春宿が並んでいた。現在はマレー系の料理専門のレストラン、ケイタイを売る店、雑貨店、衣料品店などに様変わりしている。

山川サキによると、

向かいは支那人の経営する女郎屋が十四、五軒並んでいたと。朝鮮半島のモンや土人（マレー人、インド系の人）の売春婦は雇ってもらえんと、裏で秘密に売春していたばい

（『サンダカン八番娼館』）

という。

いずれにしてもそこは、わたしが滞在したサンダカン・ホテルから海に向かう大通りジャラン・ブシリムを二分ほど歩いたジャラン・ティガと交差している。ホテルの上階から見ると、灯台もと暗しである。

サンダカンは日本軍が守備する重要な天然資源の供給地であるから、昭和二〇年（一九四五）になると英米豪連合軍の空襲に遭って被災している。そのため八番娼館も被害を受けたはずだが、すっかり修復されている。娼館を想起させるものに乏しいが、この場所に八番娼館があったという事実は消えることはない。

日本の売春宿が並んでいたジャラン・ティガ通り界隈は、現在、ヒジャブという腰まである長い白い頭巾のようなスカーフを冠った女性たちが行き交っている。白頭巾姿の学校帰りの女子児童は、てるてる坊主のようにみえた。

カラユキさんたちの故郷

東南アジアに多くを遺している墓碑や帰国後の証言から、彼女たちの出身地は、熊本の天草、長崎の島原が突出している。

だがそれは、彼女らを送り出した天草や島原などの特質というわけではなく、日本の前近代的遺産である長子相続制がもたらした伝統の弊害で、長男以外の子どもたちは小作人になるか、都会へ働きに出るよりほかなかったのだ。

おまけに凶作による農村の疲弊、とくに自分の耕地をもたない小作人たちがかかえていた窮状が追い打ちをかけた。ことに山村や漁村のように平地が少なく、瘦せた土地柄であったことが共通している。

いずれにしても昭和初期、飢饉にあえいでいた東北の農民が、娘を身売りした例があったように、当時の女性の置かれた社会的地位とともに、近代日本の女性史では避けて通れない課題であった。

もう一つの理由は、天草や広く九州地方には切支丹を受け容れた土壌があり、異教、異文化との接触、受容に寛容だっただけでなく、人々の目線が海の向こうの外国に向いていたことである。

さらに『夜這いの民俗学』の著書もある民俗学者赤松啓介が指摘するのは、古来日本の農漁村にはフリー・セックスの風習があり、明治から昭和初期にいたるまでなお健在で、性は現代より奔放だったことである。カラユキさんは、必ずしも時代の貧しさ、農村の貧しさだけから派生したわけではなかったのである。

コーランの流れる街

サンダカンでは朝だというのに、雲間から太陽が顔を出すとさすがに暑い。だが日本の演歌のような曲が、町中に朗々と流れているのに気が付いていた。声の主は、サンダカン・ホテルにほど近い高台の、モスクの天辺《てっぺん》に取り付けられた拡声器から流れているコーランだった。

これが一日に何度となく流れ、時にはホテルのなかや、大きなレストランのなかでも聞くことになるから、さすがに異国にきた心持ちになる。それでも道行く人はコーランに反応する様子もなく、仲間同士でにぎやかに会話を交わしたり、スマホに釘付けになっていたりする。

かつて訪れた中東や北アフリカのイスラム諸国では、穏やかな表情、にこやかな笑顔が少なく、目つきが鋭かったり、トゲのある表情の人間が多い印象を受けたが、サンダカンでは様子が違っていた。

ここもイスラム教が多数派には違いないが、雑多な人種が共生しているコスモポリタンの街であるから、多様な異文化が存在して当然なのだろう。マホメット（ムハンマド）の有り難い教義をとくに受けとめもせずに、静かに同居しているようにみえる。

この地にカラユキさんたちがやってきた当時も、状況は変わらなかったはずである。彼女らは当初は戸惑い、煩わしさを覚えただろうが、しまいにはセミの声や鳥のさえずりのように受け止めていたのかもしれない。

日常生活に宗教が同居している光景は、東南アジアのイスラム世界では、ごく見慣れた光景だからである。稲作民族の特性だろう。

そもそもイスラム教は、マホメットが西暦六三〇年にメッカを征服してその教義を唱えると、早くも七一一年には、西はイベリア半島のスペインに、北アフリカからイスラム教徒のムーア人（モーロ人）の軍隊が上陸してきた。その間わずか八〇年でヨーロッパまで広がるという早さである。

東は明らかになっているだけでも、一二世紀初頭には東南アジアにムスリム商人が入ってきて伝えているから、いずれにしても、その早さと広域性には驚くばかりである。中国で発明された羅針盤は、南船北馬といわれたように、南シナ海を縦横に往き来した沿岸部

娼館の主人木下クニの若き日（左）と晩年

の海洋民族が駆使するようになったが、接点の濃かったイスラム教徒にも引き継がれたとされる。

イスラム教徒といえば、砂漠を行く隊商やシルクロードを想起しがちである。だがアラビアン・ナイトにも出てくる船乗りシンドバッドのように、思いのほか海洋国家として貿易船による経済活動が盛んだったのである。

大元締め木下クニのこと

時が流れ、カラユキさんたちは、本国に家族をおいてボルネオにきていた英国人やアメリカ人、オランダ人の第二夫人、なかにはは中国人やマレー人、インド人の正妻に収まり、生涯日本に帰らなかった例も少なくなかった。前出の木下クニの場合も、生涯をこの地で終えた人である。

天草出身の山川サキにとって、サンダカン時代に二人目の親方になる木下クニは、若い娘たちから実母のように慕われた女性として、いくつかの書にも登場する伝説の人物である。

一九一七年（大正六年）に博文館編集局長の坪谷善四郎が著した『最近の南国』には、このように記されている。


此所に一人の日本の女親分といふが居る。彼女の姓は木下、名はお国、本年最早六十三歳の老婆で、自ら雑貨店と、外に一戸の女郎屋をも経営して居る。聞けば財産は一万円以上ある相《そう》だ。此所へ来たのは今から三十年前のこと、『最近の日本へは何時行きましたか』と聞けば、『其れは十七年前で、自分の孫は、今は長崎の高等女学校に居る』と云ふ。

彼れ木下お国婆さんは、実に北ボルネオに於《おけ》る日本娘子軍（カラユキさん）の大元締で、来る者も来る者も、皆な彼女の指揮を奉ずるのだが、此の婆さん仲々同胞の為には能く世話を焼き、例の大和撫子が皆な其の下風（注：風下に同じ）に立つは勿論、男子の日本人も多くは彼女の援助に依て立つとか。

ちなみに戸籍謄本には、木下クニは安政元年七月七日、木下徳次弐女として、天草郡二江村二七五五番地に出生とある。

一方、一九二二年（大正一二）の田沢震五『南国見たままの記』には、クニの姿が生き生きと描かれている。

サンダカンの一大名物たる彼のお国婆さんを見舞ふことにした。其の容貌は誠に柔和な、少し長みの顔をして居て、特徴としては右の顎に小豆大の痣《あざ》があり、其の端から三吋許りの長い白髪が三本程生えて居ることであった。お国さんは、其の身終始娘子軍の隊長の様な生活をして居たにも似づ（ママ）、仲々の愛国家で、先年南支南洋一帯に亙《わた》って起った、日本品ボイコット当時の話を此の婆さんから聞いたが、其の一端にも彼女の面目が躍如として居る。〈あの時は、ほんにひどうござりましてな、ちゃんころの奴が日本品だと言ふと、片端からどしどし焼いて仕舞ひますばい、妾《わたし》はあいつらに、そげい、いらん品なら妾に呉《く》れんかい、妾に其れ呉れたら妾はお前等が幸福になるやうに神様に祈って遣るばいと申しますると、彼奴等も、私等は真から日本品を排斥する心は無いが、仲間からやかましく、言はれるから仕方が無いと言ひますばい、それを見る妾は真に口惜しくって口惜しくって、若し妾が男であったら、彼奴等の十人許り突き殺して遣り度いと思ひましたばいと、当時を思ひ出したと見えて涙を流して斯う語るのであった

クニがいう日本品のボイコット運動とは一九一五年（大正四）、中国に押しつけた二一ヵ条の要求に対する反対行動のことである。日露戦争で獲得した旅順や大連の租借権延長、山東省のドイツ利権譲渡など、日本側が提示した権益拡大案への反発であった。

これによって、当時、日本に来ていた中国人留学生の多くが帰国し、中国各地で日本品の不買運動が起きたが、南洋の華僑社会にも波及していたことを示している。

祖国に背を向けて建つ日本人墓地

海の見える小高い丘の上に建つ日本人墓地には、数百のカラユキさんや、正業を営んだ男たちも眠っている。大正後期に当地を訪れた前出の田沢によれば、

日本人墓地は百余りの墓の主が、大抵女で、古き土饅頭ばかり、然からざれば一本の木標に、風雨に打たれて文字の定かならぬが多い。中に最も新らしいものを見れば、

カラユキさんも眠る日本人墓地。八番娼館の女主人木下クニが私財で墓地を建設した

高さ二尺許りの細き角杭に大日本広島県甲奴郡吉野村字小塚七十一、只宗トヨ行年十九歳などと書いたのもある。累々たる此等の墳墓は、何れも熱帯の瘴癘《しょうれい》（高温多湿の風土）に触れて盛りの花を散らしたのかと思へば、心柄とは言ひ乍ら、また是同胞に同情の感を切にする　　　　（『南国見たままの記』）

田沢も書いているように、日本人墓地を造った木下クニは祖国に帰る気もなく、生前に自分の墓をいちばん高いところに造っていたが、サキの記憶では大正一四年（一九二五）、七〇歳でサンダカンで没している。

令和二年（二〇二〇）二月、わたしは雨上がりのある日の早朝、日本人墓地を訪ね

八番娼館の主 木下クニの墓（熊本県天草郡二江村出身）

た。先人たちが記しているように、聞きなれない小鳥のさえずりを聴きながら灌木に囲まれた丘を登っていくと、目のまえにひな壇か、小さな棚田を想わせる地形の日本人墓地が開けてきた。手前にまず見えてきたのは「故仲松和江之墓」の白い石塔だが、裏にも横にもそれ以外のことは書かれていない。

先人の記した資料にもない名である。東南アジア各地で見てきた日本人墓地では、墓石の大きさや墓地の中心からの距離で、生前の羽振りの良さがみえてくる。地獄の沙汰も金次第という言葉を思い出してしまった。

ひな壇の一番の高みにクニが生前に建てた碑には「南無阿弥陀仏　供養」とあり、その隣にクニの墓があった。そしてその近くにあるゴム園主安谷喜代次の墓には、立派な墓石が建っていた。

ふしぎなことに、墓石はすべて丘から見下ろす海の方角を見つめている。水平線の向こうはセレベス海、さらに遠くはインド洋であるから、日本に背を向けていることになる。

作家の室生犀星は「ふるさとは遠きにありて思ふもの」「うらぶれて異土の乞食《かたゐ》となるとても／帰るところにあるまじや」と歌っているが、クニの生きざまにも郷土の先輩天草四郎の反骨精神が顕在していたらしい。

木下クニをここに葬ったのはサキだったが、彼女の墓はここにはない。彼女のその後は、流転の人生そのままだった。英国人ミスター・ホームの第二夫人となったものの、酒と博打の荒れた日々、ノイローゼ、英国人医師の帰国勧告によるミスター・ホームとの離別。郷里の親族の冷たさ、地元に帰ってまた荒れた日々、百姓家に嫁入り。満州に渡って飲み屋で働いているうちに、勧められて日本人のカバン職人と結婚。満州事変翌年の昭和七年（一九三二）のことだった。

夫は優しく働き者で、男の子をひとりもうけた。終戦の混乱のなか、無事帰国を果たす。南洋で荒くれ男どもになれていたサキには、混乱期の満州人やソ連兵には、さほど驚かなかったという。

親子三人は無事に京都に帰り着いたが、夫が亡くなり、サキはひとり郷里の熊本県天草に帰り、息子のわずかな仕送りで細々と生きていた。これが彼女の人生の軌跡のあらましで、一九八四年四月三〇日に七五歳でなくなり、郷里に近い墓に葬られている。

サンダカンの街を歩いているうちに、わたしはもう一つのことを考えていた。日本人にとって、この街はカラユキさんという影の部分だけでないのだ。前出『ボルネオの灯は見えるか』の主人公、作家里村欣三がみた自由の意味をしきりに考えてみた。その答えがみえないまま、郊外のセピロックに行ってみた。熱帯雨林のなかで病気になり、傷つき、親とはぐれたオランウータンの孤児たちのリハビリ・センターである。

そこで働く若い英国人女性に勧められ、孤児ベティーの里親になった。いずれはサバイバルの術を身につけたベティーは解き放たれ、伴侶をみつけて家族を作り、ボルネオのジャングルのなかで生き生きとした生活を送るに違いない。

そんな光景を想像しただけでも、わたしは楽しい心持ちになった。同時に、作家里村欣三がみた自由の意味を、別の方角から以前よりもわかった気がしたのである。

中国人街との違い

南洋に痕跡を残した日本人町をみていて気が付くのは、日本人は郷里への送金を目的とする出稼ぎ集団にすぎなかったことである。彼らが正業を営みながら現地社会で存在感をみせたのは、マニラやダバオ、アユタヤとベトナムのホイアンにすぎず、それさえもすべて消滅してしまっている。

では、中国人街の場合と違って日本人町の存在がかくも点にすぎず、面になり得なかったのは何ゆえなのか。思いつくのは、中国人は郷里を捨て、自分たちの小国を築いていることである。

彼らにとって祖国は中国であるから、新しい国家を作る思考はなかった。国家みたいな面倒なものを作るよりは、信頼できる者同士の小さな社会で生きている方が便利であり、常に社会不安がつきまとった中国本土にいたときよりも、はるかに豊かで安心できた。

そのために、彼らは移り住んだ国の住民と、いざこざを起こさないように留意していた。天命を以って生の根本とし、仁によって一貫された人間の生き方を「道」とする儒教思想が、みえない形で体内に潜在しているとみられる。

本国に残った人間たちは時代の波に押し流されて、どんどん変形していってしまうのに、故郷を捨てた人間の方は現地人と同化することなく、自分たちが負ってきた伝統とアイデンティティーをしっかり守りつづけている。

出稼ぎに来た日本人とは、まるで違うことに納得がいったのである。

消えない歴史の影

カラユキさんの存在は、近代日本の女性史では不可避な存在であるが、大局的に見れば、明治初期に福沢諭吉らが唱えた「脱亜入欧」という国論の陰に咲いた、あだ花であった。

欧米の先進国に追いつけ追い越せの精神は、欧米による不当なアジア侵略を跳ね返す、「アジア主義」が根底にある。それには日本がリーダーシップをとり、アジア諸国が団結して対抗するという前提があったはずだった。ところが現実には、中国、韓国軽視の政策や風潮を生んだだけでなく、アジアに落ちていく日本女性がいたという、もう一つの現実があったことである。

ちなみに大正末期にいたっても、カラユキさんらが国元に送金する外貨は、男女合わせた送金額の三分の二を占めていた（入江寅次『邦人海外発展史』）。

明治から大正をへて昭和初期にいたるまで、外貨の稼ぎ頭は絹織物工場の女工であったが、これにカラユキさんたちも加え、女性が貴重な外貨を稼いでいたという、日本近代史に記した事実は消えることはない。

資源のない日本は貧しく、欧米のような工業力を背景にした底力がなかったということだろう。海外雄飛の心意気と美名の裏には、カラユキさんのような、翳りに満ちて沈んでいった歴史もあったのである。

第五章　ルソン貿易の基地マニラ——マニラ日本人町の先駆者たち

南蛮貿易とルソン

今までたどってきた日本人町は、明治の世が明けてから、海を渡っていった人間たちによって形成されたコミュニティーで、シンガポールにはじまっていた。多くはカラユキさんたちが先達をつとめ、若い女性が海外に進出した、歴史的にもめずらしい異形の日本人社会であった。

だが、これからたどるフィリピン、タイ、ベトナムにみる日本人町の歴史は鎖国以前にさかのぼり、主として交易商人たちが先達となって定着した。彼らがめざした南洋の地では、当時は政教一体であるから、キリスト教は避けて通れなかった。このような事情から、日本人交易商人の背後には、長崎大村と平戸、豊後（大分）などの、切支丹大名の存在が大きかった。

安土桃山から江戸時代にかけて、南蛮船と呼ばれたポルトガル、スペインの貿易船、さらにオランダ船、イギリス船が日本に来航すると、日本からも幕府の書状をたずさえた朱印船が、南洋の各地に出ていった。海外渡航許可証を朱印状と言い、相手国の国主にあてた信任状の性格を帯び、交易の促進を目的とした依頼書であった。

では渡航者の規模はどれほどであったかをみてみると、フィリピンのルソン（呂宋）に渡った日本人は、記録によれば、文禄二年（一五九三）だけでも四六〇人に達している（矢野暢『「南進」の系譜』）。

これは日本船で渡っていった人間の数であり、南蛮船に便乗した者もいたはずなので、この人数はさらに増大する。

一九七八年のNHK大河ドラマ『黄金の日日』は、実在の人物、泉州・堺の商人納屋助《なやすけ》左衛門《ざえもん》がモデルであった。自らの持船でめざしたのがルソン島マニラであった。

当時の南蛮船が日本に持ち込む品は、彼らが支那貿易で扱う生糸、絹織物、ルソンの鹿《しか》皮《がわ》、砂糖、蜂蜜、蠟などであった。

一方、日本から輸出されたのは、良質の小麦粉、銀、銅、鉄、船具、漆器、塩魚、火薬の原料になる硝石、刀、槍などの武具、漆器、屏風、扇子などがあった。のちに鎖国になると、南蛮国側にとって痛手だったのは、軍事に欠かせない武具の欠乏であったが、なかでも目覚ましく発達してきた銃や大砲の火薬に必要な硝石が入らなくなってきたことだった。

記録に載った日本人の活動

先の文禄二年（一五九三）の日本人渡航者の記録より以前、ルソン島近海における日本人の活動状況を伝える資料が、スペイン本国とフィリピンに数多く存在している。

当時のスペインは、世界最強国家として世界の海に乗りだし、大航海時代のまっただなかにあったが、ルソン島の占領宣言をしたのは一五七〇年（元亀元）であった。

それより三年前の一五六七年にスペイン艦隊司令官レガスピから、本国のフェリペ二世国王に宛てた報告書には、「ルソンと称する島には、支那と日本の商船が毎年、交易に来航します。彼らは先の品々をもたらし、日本人は支那人、現地の土人と商いをし、金や蠟、鹿皮などを持ち帰ります」と書かれている（岩生成一『南洋日本町の研究』）。

スペインがルソンを占領したとき、艦隊の指揮官らはマニラの通りで一人の日本人を見かけた。「男はイエズス会の僧が被る帽子をかぶっていたので質してみるに、彼はこれを肯定して名をパブロと名乗り、首に十字架を下げていた。彼は数珠を求めてきたり」という記録もある。

時期からみて、鹿児島あたりで受洗した日本人であろう。使用した言語はスペイン語のはずである。

フィリピンの拠点はルソンのマニラで、島の数は七〇〇〇を超える。そこでこの海域の島嶼を植民地にしたスペインは、「黄金の世紀」といわれた一六世紀、絶頂期にあった国王フェリペ二世の名を取ってフィリピーナスと複数で呼んでいたが、一八九八年の対米戦争に敗れ、アメリカの統治下になって英名philippinesとなった。

だが、スペイン艦隊がルソン島を占領するよりずっと以前から、日本の海賊船が出現していた事実も、本国に報告されていた。

「土人たちの話によれば、支那の南岸を襲う、倭寇《わこう》とよばれる海賊船がルソン島北部のカガヤンにも現われ、土人集落で略奪行為をしていた。彼らは大砲、銃、槍で装備し、護身用の鉄製甲冑を身につけ、きわめて好戦的である」

とある。

出所を異にする同様の報告書もスペイン南部セビーリャのインディアス古文書館にあるから、事実であろう。

「倭寇の背後にスペインのライバル、オランダの存在がある」

とする見方も、スペイン側の資料にみられる。

一三世紀ごろから出現した倭寇は、瀬戸内海や北九州の海賊だったが、秀吉の命により消滅したとされていた。

その後、マニラ湾南部のカビテに来航するようになった日本船は交易船であり、キリスト教徒への迫害から日本を逃れてきた者もいた。後述の高山右近のほか、内藤徳庵とその夫人や子どもたち、一族郎党三〇〇人もが、三隻の船に分乗して追放されてきた例もある。

スペインに現存するマニラ政庁の資料には、「彼らは以前と違い、平和的な来航者であった」と書かれている。

とくに日本を逃れてきた切支丹は、マニラのイエズス会から手厚く迎えられ、日本人町のディラオ地区に居住して、政庁、イエズス会から諸費用が与えられ、子弟のために学林もできていたと、資料にはある。

ディラオ地区の名称は、今でもマニラ政庁から北へ五〇〇メートルほどいった周辺に現存し、スペイン統治時代の面影を遺している。

時代的にはスペインより三五〇年以上もまえからフィリピンに来ていた日本の倭寇が好戦的とみられていたことが、マニラのスペイン人、中国人、現地人社会の対日本人観に、影を落とすことになる。

あるとき、日本人の一人がスペイン人に殺害される事件が起きると、武装した日本人町の住民一五〇〇人もが大挙して立ち上がり、不穏な空気になったが、教会が間に入って収めたことがあった。中国人社会と対立して、流血騒ぎになったこともある。

だが、中国、朝鮮半島からは海乱鬼《かいらぎ》とも呼ばれ、怖れられていた倭寇は、北九州あたりを拠点とした海賊であったと言われ、好戦的とみられた彼ら日本人が役立つこともあった。

マニラのスペイン人社会は、彼らの特性を利用して、オランダ船との戦いに四〇〇人の倭寇を雇ったところ、彼らは勇敢に戦ったと、記録には記されている。

その一方で、スペイン・ポルトガルの南蛮諸国と、新興勢力のオランダ・イギリスが洋上の覇権を握って対立する図式のなかにあって、日本人のなかに、イギリス側に情報提供する者がいることを危惧する見方が、マニラ政庁やマニラ郊外カビテ港に在泊するスペイン艦隊側にあったことを示す資料もみられる。

また日本に帰国していった者たちが、豊臣秀吉の側近やその後の徳川幕府に対してスペイン艦隊や陸上兵力にかかわる情報を提供していた形跡もあった。これにも、マニラ側が苦慮していたことが、記録に記されている。

日本を怖れたマニラ政庁

マニラの日本人町の安寧は、日本の為政者の政策にしばしば左右された。天正一九年から文禄三年（一五九一～九四）にかけて、豊臣秀吉が部下の原田孫七郎、原田喜右衛門、長谷川宗仁らをマニラに遣わせ、「日本に来航するスペイン船に、朝廷への貢物の献上を自粛するよう求め、実行されなければ報復も辞さないことを告げた」と、マニラ政庁の資料にある。

折しも文禄・慶長の役で、朝鮮出兵を強行していたさなかであり、在マニラのスペイン

マニラ日本人町があったディラオ広場。後方に小西行長の像

政府機関であるマニラ政庁が、この地の日本人社会を大いに警戒するようになったのは無理もなかった。

さらに警戒心を強化せしめる事態も起きた。一五九七年二月五日（慶長元年一二月一九日）、長崎の日本人カトリック教徒が処刑された「日本二十六聖人」の事件が拍車をかけたのである。

当然の結果として、在留邦人に向けた当局の態度も硬化して、来航した船舶の積み荷検査の強化、申告外の積み荷の有無が厳重に検査された。

当局の警戒は日本人町にも及んだ。広がりをみせはじめた彼らの居住区が、現在のマニラ市庁舎付近のディラオ地区と、これに隣接するサン・ミゲル地区に限定されることになったのである。

秀吉の「呂宋遠征計画」の情報が、再三マニラにもたらされたが、一五九八年（慶長三）

に秀吉が死去してもしばらくは、ルソンが征服される怖れをいだいていた事実を示す記録もある。

征韓役に従軍せし日本兵約十万人は今や無為にして貧困である。中には黄金に対する欲望の為、予々彼等が垂涎している本島（ルソン）に侵入せんと企てる者もある

（『南洋日本町の研究』）

だがその後、徳川家康から朱印状を託された船が来航したのにつづき、島津藩の船も来航するようになり、日本船によるルソン貿易は再び隆盛を取り戻していった。このころになると、日本人町の人口も二〇〇〇人に達している。

大航海時代のルソンの首都マニラ

当時のルソンはスペイン（ラテン語でイスパニア）が築いた極東の貿易拠点で、メキシコの太平洋側の港町アカプルコとの間を、多数の大型外洋帆船が往き来していた。ちなみにアカプルコが開港したのは、一五五〇年のことである。

メキシコで採掘した銀や武器、弾薬を載せたスペイン船は、アカプルコを出港するとい

マニラ地区。黒い太線で囲まれたのはスペインのサンティアゴ要塞

ったん赤道付近まで南下し、貿易風に乗って西に向かい、アジアに近づくと徐々に北上してルソンにいたる。

一方、日本からルソン方面に向かう交易船は、陰暦九月頃から吹き出す北東の風に乗って船出し、翌年四月から吹き出す南西の風に乗って、日本に帰ってきた。

交易商人とは別に、江戸時代にこの国と深くかかわった侍に、伊達政宗の家臣支倉六右衛門常長と、徳川家康から追放されたキリシタン大名、高山右近がいた。

じつはこの二人は、マニラに二つある旧日本人町にかかわっていた。スペイン船来航禁止令のでる前夜であるから船待ちのため、ヨーロッパからの帰途、部下とともにマニラに二年間滞在した支倉は、聖フランシスコ会士である。

一方の右近はイエズス会士で、双方の宗派の神父も信徒たちも仲はけっしてよくはない。それでも見知らぬ異国の地で生活を営む日本人たちは隣接して暮らしており、支倉や右近がいた一六二〇年頃は、三〇〇〇人の日本人がいたとされる。

場所は通常マニラ地区と呼ばれる、かつてのスペイン統治時代のサンティアゴ要塞周辺部の東側から北側にかけての一画である。壁でできた要塞の北側を東西にパシッグ川が流れているが、川の南側の岸辺に当たる。今のマニラ市庁舎と中央郵便局にかけてと、さらにその奥に広がる地域である。

二つの日本人町

つまりサンティアゴ要塞の城壁の北側がサン・ミゲル地区で、ディラオは東側の地区に相当する。ディラオは当時、最大の日本人町で、一六〇一年の記録によると、フランシスコ派宣教師が、「マニラ総督のスペイン人テリョから許可を得て、同地区の日本人のために椰子の葉やニッパの葉で葺いた教会堂を建て、日本人の教化に努めた」とある。

記録のうえでは、これに隣接するサン・ミゲル地区の日本人町に、イエズス会士たちが住んだとされるが、現在、高山右近の銅像は、何ゆえかディラオの一画に建っている。

日本人たちの日常

では彼らの日常生活はどうなっていたのか。かつての倭寇への怖れから武器の携行、とくに帯刀は許されなかった。しかし、中国人同様、地区内の自治は認められ、キリスト教の教化、生活指導は神父がおこなっていた。だが「残留せる日本婦人、その子どもの生活は困窮状態にあり」と、記録にある。どの程度の困窮状態かは不明だが、当時の社会事情からして、食糧もかなり不足していたと推定される。

単身でマニラに渡ってきた倭寇の多くは、原住民の女性と結婚していたが、生活の実態は見えにくい。

後期倭寇の時代の海賊たちは、ルソン北方のカガヤンや北西のアパリの港に居をかまえていた。海賊といっても、常に海上生活ばかりではなかった。季節風の関係で動けないときもあるから、陸地に根拠地を築いていたことが判明している。

彼らも、現地の女性と妻帯していたから、日比混血児のはしりは、倭寇の子どもたちということになる。

一六〇六年、マニラ高等法院検査官ロドリゲス・ディアス・ギラール（スペイン人）の視察報告によれば、「支那人店舗五百軒あり。支那人の居留区とは、パシッグ川をはさみ対岸にある日本人パリヤン（市場）には、住家と長屋のほか九十一軒の店舗あり」とあり、家はほとんど茅葺の粗末な家であった。

では、彼らは何を商っていたのか。マニラ湾南端のカビテ港には、日本や異国の交易船がもたらす物資を扱う問屋があり、日本の漁民も住み込んでいたことが判明しているから、それらの品々や魚を扱っていたことになるが、「カベイタ（カビテ）には支那人と日本人が雑居し、支那人のパリヤン（市場）となっている場合もあり」とマニラ政庁の資料にある。したがって、マニラの日本人町でも、これらの物資や魚の塩漬けや干物を扱っていたとみられる。

またパシッグ川の対岸に隣接する中国人の市場とも通常は交流があるので、その出店の性格を帯びていたとみられる。

また一六三二年、在台湾のオランダ商館の記録には、「日本人およびその混血児六人、支那人三〇人が乗り組んだ日本船が来航し、蘇木《そぼく》（薬草の一種）三萬斤、砂糖四〇〇〇斤、そのほかに鹿皮などを積んで、マニラから入港した」とある（一斤は六〇〇グラムに相当する）。

さらにカンボジアのオランダ商館日記（一六三七年三月一五日）には、「支那人二〇人と日本人八人の商人、イスパニア人の航海士二人が乗り組んだマニラからのジャンク船（中国の箱型をした木造帆船）が同地に入港し、鹿皮三〇〇〇枚と現金とをもって、象牙、安息香、漆を購入した」とある。

日本人商人の居住はマニラ湾の一角のカビテか、ディラオとサン・ミゲルにある二箇所の日本人町に限定されていたことから、ルソンの日本人町に定住していたとみられる。しかも商人は店を構えるだけでなく、季節風を待って船で海外に交易に出る者がいたことになる。

だが家に残る日本人たちは、商売だけで生活を営んでいたわけではなかった。相当数の日本人が、スペイン人宅の召使いとして仕え、その数が多すぎて「放火」「一斉蜂起」などの可能性が危惧され、市中の出入りが激しくなることも問題視する書簡が、政庁に保存されている。日本人召使いの多くは女性だったはずだが背後に男たちがついているから、当局は日本人に気を許していなかったことがうかがわれる。

次に日本人は何を食べていたのかとなると、彼らが扱う商品からして、食事は当時の日本国内に近いものだったと推定される。米や魚、南洋で穫れる果物のほかに、教会の指導により現地スペイン人になくてはならない豚の塩漬け肉（生ハム）、ワイン、パン、チーズなども、供されたとみられる。

では服装はどうだったのか。一六〇〇年に来航した山下七左衛門一行が、スペイン人神父に出迎えを受けている挿絵をみると、先頭の山下船長は帯刀して弓をもち、従う部下五人は、帯刀姿で鉄砲と槍を肩にしている。

彼らはいずれも着物姿で髷《まげ》を結っているが、日本人町の男も、頭上は剃ってあると記録にあるので、日本にいたときの習慣を保ちながら、簡素な小袖姿に革のサンダルを履いていたとみられる。

支倉常長と高山右近

伊達政宗からスペイン、ローマに遣わされた支倉常長一行が、帰途の一六一八年六月から二〇年八月まで、二年ほどマニラに滞在していた事実は、以前からある程度知られていた。この慶長遣欧使節団の足跡をたどって、わたしは二冊の著書を書いているので詳細には触れないが、一行一一人と支倉家の下男数人が、マニラに滞在していた事実に注目していた。

支倉は、主君伊達政宗からスペイン国王フェリペ三世にあてた親書の返書を当地で受け取ることになっていたためだが、もち帰った品のなかに見当たらず、書簡は届かなかったとみられる。

一行が一六一三年秋に仙台を発つときから、スペイン人のソテロ神父がついていた。彼は再度日本に行くために、インディアス資料館保有の報告書によってマニラでも一行と一緒にいたことが判明しているが、そこは前出のディラオの日本人町が見える。

ソテロ神父には、いくつかの資料が残されている。彼がはじめて日本に行く以前、マニラで日本人の教化のため、当地の総督から許可を得て小さな教会を建て、日本人から日本語を習っていたことが判明している。

ソテロ神父が仙台城で伊達政宗に謁見した折、あまりにも流暢な日本語を話すことに、政宗が驚いていた光景を思いだした。なるほど。ソテロは、来日するまえにマニラで日本人から習っていたのだと、謎が解けた。

その後、日本からヨーロッパまで支倉たちを先達し、帰途もマニラまで行動をともにしていたフライ・ルイス・ソテロ神父は、支倉一行より遅れて日本に再度潜入したが、長崎で殉教していた。そのあたりの動向を記した資料が、マニラ政庁に現存していた。

宗教関係の施設はその後、たびたび地震や火災に遭い、第二次世界大戦のさなかには、日米両軍の激戦地となった。多くは修復されているものの昔の痕跡は今も残り、その代表格がマニラ大聖堂である。

支倉一行の足跡を歩く

深い藍色をした南国の空の下につづく白壁の家々の出窓には、色とりどりの花が咲き乱れている。時折、近くの教会と大聖堂の鐘の音が流れる石畳を、馬車がゆっくりと通り過ぎていった。

通りを素早く横切っていく褐色の肌の子どもたち、祭りにでも出かけるのか笑顔にあふれ、思いきり着飾った娘たちが行き交う様は、心温まる光景であった。

スペイン統治時代の面影を残す、ここマニラ旧市街のイントラムロス（要塞の内側）を含む界隈は、スペインで生活した者にとっては、懐かしい心持ちにさせてくれる街である。先にも触れたように、ここは四〇〇年前、伊達政宗からスペイン、ローマに遣わされた支倉常長一行が日本への帰途、一六一八年六月から二〇年八月まで、二年あまり滞在していた地でもある。

仙台を発ったのち、スペインでは国王フェリペ三世に国交樹立を持ちかけ、ローマのヴァチカン宮殿では教皇パウルス五世に謁見して、スペインとの外交交渉のお墨付きを請願した「慶長遣欧使節」に関する書物は、すでに数多く世に出ている（拙著『支倉常長遣欧使節』）。

その後彼らは、再びメキシコを経由して日本への帰途、往路と同じ仙台藩のサン・フアン・バウティスタ（洗礼者ヨハネ）号に乗船してアカプルコからいったん南に下がり、貿易風に乗って西に向かい、ルソンのマニラにやってきた。

だが、支倉一行一一人のほかに、支倉家の下男数人がマニラに滞在していたことはわかっていても、彼らのマニラでの生活に触れた書物はまだ一冊もない。

誰と誰がマニラにいたかについては、伊達家の史料『貞山公治家記録』に名を列ねた帰国者名簿で、一一名の名前が特定できる。記録された一一名とは、大使支倉常長を筆頭に今泉令史、西九助、田中太郎右衛門、内藤半十郎のほかに、九右衛門、内蔵丞、主殿、吉内、久次、金蔵のことである。一一名のうち、苗字のわからない者が六名いるが、内蔵丞と主殿は名前からして、身分は武士に違いない。

さらに、この名簿では支倉が筆頭にきていることから、仙台藩のなかでの身分、ないし使節のなかでの地位の順序になっていると考えられる。したがって、名簿の順序にこだわると、九右衛門は内蔵丞、主殿の前にきているので、彼も侍ということになる。

ではヨーロッパからの帰途、スペイン船来航禁止令の発令前夜、日本に帰る機会をマニラで待っていた二年間、いったい彼らはどんな生活をしていたのだろうか。

まず彼らがいた場所を特定する必要があるが、カギを握っているのは、支倉一行と縁の深い聖フランシスコ会の教会や修道会、礼拝堂などの在所である。ヨーロッパで受洗して以来、朝夕深い祈りを捧げるのが日課になっていたうえに、所持金のない彼らは、旅の行く先々で聖フランシスコ会の世話になっていたことがカギになる。

支倉たちの日常生活であるが、近くには現在世界遺産のマニラ大聖堂もあることから、彼らは朝夕、大聖堂のなかで祈りを捧げていたはずである。大聖堂を出てからは、イントラムロスの名で現存している城壁の内外で行動していたとみられる。

一行が訪れたスペインはかつて中世の時代、八〇〇年の長きにわたってイスラム教徒とキリスト教徒の戦いがつづいたために、都市は堅固な石を積み上げた要塞によって守られてきたが、その名残がマニラにも波及したことになる。

今もこの界隈では、民家の出窓には鉢植えの花が咲き乱れ、鈴を鳴らした馬車が行くさまは、まさにスペイン南部のアンダルシア地方の都市のようである。

朝夕には、近くの大聖堂やサン・アグスティン教会の、当時と同じ鐘の音が流れている。

旧市街を歩く

聖フランシスコ会マニラ修道会のロベルト・オルティス会士の案内にしたがって、市庁舎まえからブルゴス通りを北に向かう。

日本からヨーロッパまで先達し、帰途もマニラまで行動をともにしていたソテロ神父の動向を記した資料が、マニラ政庁に現存していたことを教えてくれたのもオルティス氏である。

オルティス氏が言った。

ここはスペイン旧市街の外壁に沿った通りですが、イエズス会派の日本人たちが軒を連ねていたようです。食料品、日用雑貨を扱う商店です

当初は、日本人は市庁舎を挟んで反対側のディラオ地区でイエズス会派もフランシスコ会派も一緒に住んでいた。だが双方の関係に亀裂が生じたことから、イエズス会の伝道師が同会派の日本人を、このサン・ミゲル地区に移動させたことが資料に載っている。

「双方の会派の日本人はほぼ一五〇〇人ずつだったそうです」と、オルティス氏。

道路左手の広いグリーン・ベルトが、イエズス会派の日本人たちの居住区だったところである。当時の日本人の多くは、スペインが植民地化する一六世紀中旬より以前に来ていたグループで、なかには倭寇の子孫もいたことが判明しているが、彼らもこの地で生活していたとされる。

第二の集団は江戸時代初期、徳川幕府のキリシタン迫害を逃れてきたカトリック教徒の貿易商・商人の日本人たちである。

ディラオの日本人居住地区

中央郵便局のまえの大通りを右折して五〇〇メートルほどのディラオ地区は、現在はパコ公園と呼ばれ、ロータリーの一角には、等身大より大きい高山右近の銅像が建っている。オルティス氏は、「このあたりが、かつての聖フランシスコ会の日本人たちの街です」と言ったが、高山右近はマニラに来た翌年一六一五年二月に当地で亡くなっているので、ちょうど日本人町が二つに分かれる直前に当たる。これでイエズス会士の右近の銅像が、ディラオ地区にある理由に納得がいった。

ではこの公園周辺の日本人町で、支倉一行はどこに住み、何を食べ、何をしていたのだろうか。生活の拠点になるフランシスコ派の学林といっても、当時はニッパ・ハウスのような小屋だが、このあたりに住み、イントラムロスのなかの教会、大聖堂に日参して神の御心を求め、「神の栄光を体現するために生きさせ給え」と祈っていたらしい。彼らの祈りはすべてラテン語だった、と記録にある。オルティス氏がつづけた。

日常生活では、サン・ミゲル地区の日本人たちと同じように食料品、日用雑貨、それにマニラ湾の一画のカビテから揚がってくる魚を、干物にして売っている店もあったそうです。

フィリピン人の家庭料理は、専門家によると、四〇〇年以上もまえから米とチキン、魚が主役です。一年に三回も収穫できる米を、魚介類やチキン、香料のサフランで味付けして炊き上げたスペイン料理パエリャの伝統を受けついだバレンシアナは、フィリピンの上流家庭では定番といっていいです

大多数が貧しいこの国の場合は、一汁一菜にありつければいいほうである。スペインでは国民食になっているパエリャは、フィリピンではほとんどの人には高嶺の花になっている。

バレンシアはスペインの古い町だが、パエリャの故郷としても知られる。だがマニラで食されているバレンシアナは、サフランの代わりにウコンとココナツミルクで味付けされているから、風味も味もパエリャとはだいぶ違っている。

支倉たちが滞在した当時のマニラでは、スペイン人たちが主役であるから、スペイン風のパエリャを食していたはずで、一行がスペイン滞在中に食べなれた主食に、ありつけた

ことになる。

マニラのスペイン人聖職者は当然、ワインや生ハム、パン、そしてパエリャを食していたので、支倉たちに違和感はなかったことになる。

それに当時は、日本人の女性たちは、スペイン人の家庭に家政婦として雇われている人が多かったので、それも日本人社会でスペイン料理が広まっていた理由でしょうとオルティス氏。

現在のバレンシアナが、パエリャと異なっているのは、時代の流れのなかで、地元の庶民風に進化したようだ。

では服装はどうだったのか。一行についての挿画では、スペイン風のつばの広い帽子、モンペ風のゆったりとした木綿のズボン、木綿の長袖シャツに革のサンダル履きである。熱帯のマニラとはいえ、聖職者はもとより、一般庶民も敬虔なキリスト教徒は、肌を見せてはならなかったし、蚊よけにもなったと思われる。

さらに、みんな丸腰のままだった。マニラの日本人たちは、暴動を恐れるマニラ総督府の方針で帯刀は許されないばかりか、没収されてしまった。侍の魂である刀は、当局から怖れられていたのである。

　この地に生の時空を送った支倉使節や高山右近一族、一般庶民の日本人たちに思いを馳せるには、格好な場所がみつかった。この界隈の道路の片側いっぱいに覆いかぶさるようにせり出した木陰の下には涼風が吹き抜け、ささやかな天国であった。

「この背後のイントラムロスにあるマニラ大聖堂は、世界遺産になっているほどですから、貴重な聖的空間です。支倉たちは朝夕ここにやってきて、ステンドグラスから漏れ入る光の中に現われた、神と対話していたはずですね」

「当然そうです」

　オルティス氏とそんな会話をした。

　ここから西の方角を見ると、高い建物に遮られて今は見えないが、すぐ近くにマニラ湾が広がっている。

　前日の大きな夕日は海に映えてきれいだった。支倉常長も部下も、ほかの日本人も、みんなあのマニラ湾の夕日を見ていたのだ。とくに日本に帰っていく越冬ツバメの群れを見送る心持ちは、祖国に飛んでいたし、スペインに残留した仲間のことも思い描いていたのだろう。

　そんな思いにふけっていると、さっきから木陰で死んだように寝入っている素足の子どもたちや、空き缶をもってテーブルをまわってくる子どもたちが気になった。ストリート・チルドレンである。

「一説によると、あの子たちのなかには、日本人を父親にもつ子が、数万人もいると言われています。この国に遊びに来た日本人たちの置き土産です」

オルティス氏には見慣れた光景らしく、無造作にそう言ってから、妙なことを口にした。

「四〇〇年前、スペイン南部の街コリア・デル・リオに残留した八人の日本人に、今日、六〇〇人以上の子孫がいるように、日本に帰っていく支倉使節もマニラ滞在中、子どもを残していっていないでしょうか」

想像したことはなかったのだが、血気盛んな若侍たちの場合は、大いにありうる話である。

日本人との混血児ジャピーノ（ジャパニーズとフィリピーノの間にできた子ども）は倭寇にはじまって交易商人、一獲千金を夢みて明治以後にこの国に来た日本人、戦争でやってきた日本兵や軍属、そして近年の好景気の波に乗って遊びに来た日本人たち。ジャピーノの歴史は長く、深く淀んでいる。

戦前の日本人町

熱帯の地マニラに、まったりとした時が流れているころ、日本は明治に入った。歴史探索と思索の旅は、昭和二〇年の敗戦により、日本人町が消滅するまでの足跡を訪ねることになる。頼りになるのは、日本とフィリピンの良き時代も悲惨な時代も体験してきた現地の混血児、日本に帰国を果たした人たちから伝えられた、南洋暮らしの実態である。

そんなとき、一冊にまとめられた貴重な体験談と出会うことになった。一九二五年(大正一四)、一九歳で群馬県からマニラに移り住んだ大澤清が、『フィリピン邦人社会の戦前・戦中・戦後』という本に、日本人町の生活の実態を克明に描いていた。

これによると、昭和一〇年代の初めは、在留邦人の数に二万から三万と幅があるのは、日本と他のアジア諸国とを行き来する貿易商、船舶関係者、情報収集にかかわっている軍人・軍属がいたためであった。

その一方で、開戦よりずっと早くから南洋進出を視野においていた日本は、フィリピンにも諜報部員を潜入させていた。これはフィリピンにかぎったことではなかったが、日本人町の一画にあった自転車屋の主人が、開戦になると陸軍大尉であったり、なかには雑貨屋の愛想のいいオヤジが、退役陸軍少将だったりした。

有事に備え、兵站基地として食料の確保、兵舎の設営などの下準備、情報収集などが任務であった。フィリピンを手中にしているアメリカを仮想敵国とするもので、その際の備えであった。

鎖国以前、サン・ミゲル地区の住民は一五〇〇人ほどだったが、明治から昭和にかけて増加して開戦前には五〇〇〇人に達していた。

そのほかにもマニラ湾のカビテ港や、サン・ミゲル地区につづくジョーンズ橋の数百メートル下流には、魚の問屋を兼ねた日本人漁師の集落があった。なかに紛れ込んでいたのは海軍士官や軍属で、湾の水深、潮流などを調べていたことが、開戦後に判明した。

だが開戦前は、表面上はあくまでも平和であった。邦人社会は中国人街のほうにも延び、なかでも独立運動の英雄ホセ・リサールの名が付いたリサール通りが繁華街になっていた。そこには日本人が経営する、大阪バザー、太陽バザー、サクラ・バザーなど大きな商店のほかに、小売店が一三五余りあり、現地人にも親しまれた。

日傘に浴衣がけの婦人たちがウインドウ・ショッピングを楽しんだり、男たちがビアホールに立ち寄ったりすることを、リサぶらと言っていた。

ちなみにテニス好きで知られた大阪バザー社長の沢松守順《もりみち》には孫にあたる、日本のテニス界で活躍した沢松和子・順子姉妹がいた。また、日本メリヤスのマニラ代理店を経営していた渡部勝頼の孫渡部絵美は、フィギュア・スケートで名を成した。

それはともかく、マニラでは日本人の商店と名のつくものはどこも清潔で品質が良く、店員が正直で親切な応対、勤勉な生活態度が評価された。

少し変わったところでは、スポーツ用品の美津濃（ミズノ）のほかに、キッコーマン醤油、アサヒビールなども現地で生産されていた。

これは隣接する中国人社会やフィリピン人社会も市場になっていたのは明らかだが、とくに南洋の日本人町の特徴は、華僑とのつながりが強いことである。

サン・ミゲル地区からパシッグ川に架かるジョーンズ橋を渡れば、目の前に見えるのが中華街である。


戦前といわず、もう四〇〇年も前から、日本人たちはあの橋を渡って、中国人たちと交易していました。マニラの中国人は、華南の広東、福建の港町や香港の商人ですから、日本人・中国人双方の需要・供給の関係が成立していただけでなく、日本人社会

は、中国大陸とつながっていたことになります

休日の土曜日を利用してわたしを案内してくれたマニラ市庁舎広報課のオルテガ女史が、そう言った。

商売は信と義なくしては成立しない。遠くの親戚より近くの何とやらで、故郷を遠く離れた人間同士には、国籍や負ってきた背景を超えた絆があったのである。

今リサール通りの周辺を行くと、かつて日本の子どもたちもたくさん歩いていた通りを、車や乗合自動車のジプニーが激しく行き交い、商店の跡もオフィス街になっていた。

変わらないのはたくましく生きるフィリピン人の笑顔と、せわしいなかにも間延びした時間の流れです

オルテガ女史がいみじくも言っていた。

第六章　マニラ麻で栄えたダバオの光と影

日本人実業家が目を付けたミンダナオ島

ミンダナオ島は、フィリピン群島のなかでもルソン島に次いで二番目に大きい、最南端に位置する島である。島の南東の大都市ダバオは、港を扇の要《かなめ》にして北西に広がっている。雨季に特徴があり、夕方から夜にかけて時折にわか雨が降る程度で、朝はすっきりと晴れ渡り、日中も晴れか薄日が差している。日本の梅雨のようにジメジメしたり、蒸し暑くはなく、むしろすがすがしい感じがする。

年によって違いますが、今年は平年並みというところです。四年ほど前に北部が台風に襲われて、ココナツや果物の木が大きな被害をうけましたが、台風の進路ではないので、来ることはめずらしいです

この地に住んで一五年になる日本人会の会員が言っていた。

ダバオは明治三六年（一九〇三）から、終戦の年まで、日本とのつながりが深かった都市である。なかでも町のはずれにあるダバオ港は、南洋材の積出港と、マニラ麻で編んだ

ロープの需要が急増したお陰で、大いに栄えた。

ダバオに日本人町ができたのは、マニラに居住する日本人実業家・太田恭三郎（兵庫県出身）が、広大なミンダナオ島の開発に目を付けたことにはじまった。

太田が土地開発事業の認可をアメリカ植民地政府から取り付け、大規模なアバカ（マニラ麻）とココナッツのプランテーションの開拓がはじまったのが、先の一九〇三年（明治三六）という年である。

太田恭三郎

この年は日露戦争勃発の一年まえで、明治というダイナミズムの時代の後半にあたる。欧米を手本にした文明開化の時代から、近隣諸国を視野に入れた膨張主義へと移行する胎動が、日本国内に芽吹きはじめた時代でもある。

朝鮮半島、満州を視野に入れた国家をあげての行動が日露戦争の背景とすれば、一方で、民間レベルでは南洋に目を向ける者が続々と現れた。

なかでも沖縄は、近代文明に見あった産業がなかったが、潜在的に外向きの志向があったということでもある。

先の太田は沖縄県人ではないが、南方進出の日本人リーダーとなったことは、時代が求めていたパイオニアの出現ということになる。

彼はもともと商才に長けた男であったが、日本人移民の地位と生活の向上に腐心したことでも知られ、ダバオの日本人町の歴史に、大きな足跡を残した伝説の人物であった。『比律賓在留邦人商業発達史』（渡辺薫）によると、明治末期の当初はマニラに日本から味噌、醤油、梅干し、タクアンなどをもち込んで、安価で販売してたちまち店は大きくなったようだ。ということは日本人の人口の増大と、日本食へのこだわりが強い食習慣が背景にあるのだろう。

太田商店は店員も大勢雇って店を広げ、ダバオにも支店を作った。当時のダバオはまだ人家はまばらだったが、店主の頭のなかには、次のステップへのプランができていたとみられる。

ダバオ日本人会の幹事で、両親が沖縄出身の神里《かみざと》氏が言っていた。

太田が支店を開いた当時の日本人は四〇〇人にすぎず、アメリカ人が拓いたプランテーションで働いていたのです。しかし雇用主は奴隷のように酷使するばかりで、治安も悪く、現地人が槍で日本人を容赦なく殺害するようなこともあったそうです。デン

グ熱やマラリアのような風土病にも苦しんでいますが、日本人は抗体をもっていなかったことも、原因とされています

彼らの過酷な条件下の労働体験は、常に沖縄の海外移住史に付いてまわる。勝者と敗者を生む背景であるが、ビジネス・マインド旺盛で、人が付いていくような徳をもった人物であるかどうか、さらに運も味方するかが命運を分ける。

渋沢栄一が言った「商いは論語とそろばん」、松下幸之助が言った「儲けは二の次。世のなかのためになるかどうか、そして運」ということになる。

そこで太田は何をしたか。前出『比律賓在留邦人商業発達史』に詳しいが、明治末期から大正にかけて、沖縄や日本内地から多くの労働者が、マニラと北部のバギオを結ぶ幹線道路の過酷な工事に従事していた。

雇用主はフィリピンに駐在するアメリカ人で、よく働く日本人は、フィリピン人の日当が五〇セントのところ、二ペソ五〇セント得ていた。フィリピン人の賃金の五倍に当たるから、それ相応の評価を得ていたことになる。

だが慣れない土地での炎天下の重労働のうえに、居住環境も劣悪で、疲労困憊の状態にあった。太田は、そんな悪条件で働く彼らをダバオに勧誘し、自ら拓く農園と工場で働か

せることを思いつく。そのあたりの事情は、『南洋の歴史と現実』（柴田賢一）の後編「五、ダバオ開拓の父、太田恭三郎」に詳細が記されている。

だが沖縄移民史の文献によると、家族単位、一族を引き連れて移民してくるのは、ダバオの農園やマニラ麻の生産が軌道に乗ってからである。

当初は男だけで出稼ぎにきたケースが圧倒的で、結果的に現地部族の女性と結婚するケースが増えた。ミンダナオ島のバゴボ族やモロ族の出身者であった。

個人で農園を拓いたり、麻の関連事業で財を成した男のなかには、現地女性を五人も同じ屋敷内に住まわせ、子どもが二〇人以上いたケースもある。

近年、日本の国籍取得を求める「フィリピン残留日系人」の問題が、日比両国で報道されて話題になったが、彼らの多くは、日本人男性と現地女性の間にできた人たちであった。

マニラ麻の産地

では太田が興した産業は、その後どうなったのか。

日本は明治の後半から、海運業が急激に伸び、大型船舶の建造に伴って、軽くて丈夫で耐水性があるマニラ麻は、船舶用ロープの原料として飛ぶように売れた。その後は軍需産業の波に乗り、海軍からの注文も多くなっていく（前出『南洋の歴史と現実』）。

それから太田は、道路建設に従事していた沖縄県人のリーダー・大城孝蔵の協力を得て、ココナツ・プランテーションとマニラ麻の工場経営を合わせた「太田興業」を設立する。ダバオでは最初の、日本人経営の会社であった。

太田興業が軌道に乗ったのを見届けると、日本の大手商社も動きだす。彼らの支援をうけた農園、ロープ製造工場と関連工場が立ち上がる一方で、個人で一念発起して、一から作った中小農園など多くの農園が林立する。ダバオ湾岸一帯に、日本人経営のココヤシやマニラ麻のプランテーションが広がったのである。

だが現地人と日本人の関係は、良かったわけではない。前出『南洋の歴史と現実』によれば、日本人はアメリカ植民地政府と交渉して土地を拡大していたから、無視された現地人側が悪感情を抱いていたことが原因であった。

しかも、日本人の羽振りのいい姿をみせつけられていたうえに、第一次大戦景気の波に乗って、麻農園がどんどん拡張期に入っていた。このころは一〇〇人以上の日本人が現地人に殺害されたと言われ、日本人は武装したガードマンを雇って自衛手段をとった。この傾向はフィリピンにかぎらず、日本人移民史でみると、宿命的でさえある。

さらに不幸が重なった。満州では、日本入植者は同様の労苦を味わい、悲惨な結末を迎えたが、フィリピンの日本人たちにも同様の命運が待っていた。米軍だけでなく、現地人からも報復をうけることになったのである。

二一世紀の今日、ダバオ港には各国の大型コンテナ船やタンカーが横付けされている。ここはかつての日本人町が「リトル・トウキョウ」の名で呼ばれていた時代には、日本の貨物船も出入りし、日本向けの材木の積出港だったところである。

ここを基地にして、雑貨の輸出入なども日本人によって手がけられていたが、いつの間にか日本から漁船もやってきて、港の一画に漁業基地も誕生した。日本人社会に、魚は不可欠であり、南洋の日本人町に共通するのは、米と魚である。

風光明媚なサマール島に渡るフェリーも、現在はこの港からでていく。南方に進出した当時の日本人たちの生き生きした姿、悲惨な結末を思い浮かべる地域のひとつである。

旧日本人町

神里氏の案内で、マニラ麻とココナツのプランテーションで栄えた旧日本人町ミンタルを訪ねた。運転免許はもっていても、ここでは車の運転をしない彼は、若い知り合いの白タク運転手を連れて、わたしのホテルに来てくれた。

この国はガソリンがほかの物価に比べて桁違いに高いです。車も維持費も日本並みですから、タクシーや気心の知れた白タクを利用したほうが経済的なんですよ

わたしたちが向かう旧日本人町ミンタルはもちろん現地名である。多くの日本人を呼び寄せて長期滞在させるために、太田興業は「民多留」という字を当てた。

そこは、ダバオから一五キロ北西に行った平原にあるが、途中の右手にあるジャパニーズ・トンネルと呼ばれる地下壕のなかに入ってみた。山のなかの硬い岩盤を迷路のようにくり抜いた旧日本軍の防空壕兼臨時司令部である。

上を裸電球が照らす内部は直線距離にすると八キロもあるが、当時の鉄兜や水筒も保存されていて、ダバオは日米両軍の激戦地であったことをあらためて実感することになった。

日本人町のあったミンタルもダバオも、第二次大戦中は地上戦もおこなわれ、悲惨な結末を迎えることになるが、その話はもう少し後のことである。

「フィリピン・日本歴史資料館」を先に訪ねるため、ミンタルをいったん通り越して、その先のカリナンの町に行った。

ミンタルは道路も広く、格子窓や出窓の付いた古い建物や家屋に日本の面影を残しているが、隣町カリナンは寂しい集落であった。

フィリピン・日本歴史資料館（カリナン）

歴史資料館になっている平屋の建物の入口には、フィリピンと日本の国旗が掲げられ、若い女性学芸員たちのなかには日本語が上手な人もいた。

内部を見学すると、まず目に付くのは工作機械の類。案内の女性が説明してくれた。

マニラ麻はこちらではアバカと言いますが、バナナの木に似た木で、高さは六、七メートルになります。楕円形の大きな葉から丈夫な繊維質を取り出して細長にしごき、よりをかけるとロープの原材料になります。ナイロンの出現でマニラ麻のロープは出番がなくなりましたが、現在で

はゴザや敷物にして、家庭で使用されています。繊維をさらに細く柔らかくした麻地の衣類は、熱帯地方では人気があります

案内人が席をはずすと、神里氏が付け足した。

フィリピンの民家では通風をよくするために、床は竹を割って並べている家が多いのですが、麻のゴザは贅沢品です。普通は竹の上にごろ寝ですよ。ベッドのある家では、麻の敷物の上で寝るのが普通ですが、気持ちいいです

熱帯の地に伝わる知恵の類だ。

順路に沿って館内を見ていくと、トウモロコシや唐辛子をひく石臼、餅つきの臼と杵、キセルにお猪口など、日本人の懐かしい生活用具がたくさん遺されていた。歯医者や床屋の用具も保存され、いずれも当時の日本そのものであるが、ここでも器用で仕事が丁寧な日本人の店は、繁盛していたそうだ。

写真に遺された日本人の姿

パネルの写真やアルバムには、南洋開拓地の生活風景、工場内の労働風景や野外のレクリエーションの光景が遺されていた。当時の日本の小都市や農村の貧しい光景と比べると、格段に良いことが一目でわかる。

マニラやダバオでも、みんな内地にいたときより、良い生活を求めて日本をでてきたわけですから、良くなっていて不思議ではないです。わたしの郷里の沖縄は産業もなく貧しかったですから、ハワイやカリフォルニア、ブラジルのほかに、サイパンはじめ、南洋に大勢でて行ったのです。自分の耕地をもたない内地の農村でもそうですが、とくに多かったのが沖縄出身者です。
統計では年によって推移がありますが、ミンタルとダバオを合わせて約二万人のうち、沖縄出身者は五五パーセント、多いときは七〇パーセントの時代もあったようです

と、神里氏。

日本人社会のリーダーたちの会合風景では白の背広上下に蝶ネクタイ、女工さんたちの

高学年のミンタル小学校の生徒たちと先生。どこかにでかけるらしい

服装も真っ白い制服で清潔感がある。

身だしなみでいえば、学校の生徒たちの服装が断然良いのだ。当時の日本では都会の学校は別として、地方に行けば、小学生などは男女とも木綿の着物に草履か下駄ばきが普通だったが、ミンタルでは、尋常一年生たちでも真っ白な半ズボンに半袖、高学年になると男の子はネクタイを着用し、女学校では白が基調のおそろいのセーラー服姿で革靴を履いている。

家族写真に写った彼らも、父親は白の麻地の背広上下にネクタイ、母親はモダンな髪型、白のワンピースに太いベルト、子どもたちも南洋らしい服装をしている。

開戦二年前の昭和一四年（一九三九）のミ

ンタル尋常小学校一年生のうち、集合写真に写った人数は六〇名。グランドの真ん中にオルガンをもち出し、女性教諭が演奏して、別の女性教諭が体操や遊戯の指導を担当している。

二年生になると英語が教科に取り入れられるのは、シンガポールやマレーシアの日本人学校の場合と同じである。ミンタル小学校でもダバオ小学校でも英語の先生は若いフィリピン女性であった。

現在、南洋で英語が最も通じるのはフィリピンとシンガポールとされている。「シングリッシュ」といわれるシンガポール風の英語は癖が強く、難解である場合が少なくないが、フィリピンの英語は、まったく違っている。一世紀以上にわたってアメリカ英語が教育の場で使われていたために、発音がきれいでわかりやすい。

当時の内地の教育事情と異なるのは当然とはいえ、フィリピンでは、小学校から英語は必修教科であるから、日本人学校でも国際性をもたせることに努めていたことがわかる。南洋進出の智の戦士、産業戦士として教育していたのである。

一方、男子の高学年、高等小学校では剣道が必修で、女学校ではミシンを使った裁縫など、家庭科の授業もあった。当時の内地同様、男子は質実剛健、女子は良妻賢母の育成教育をめざした内容であった。

ちなみにミンタル女学院の生徒数は、開戦の二年前が三三名で先生は三名。小学校が三一〇人で、教員は校長以下一五名であった。一クラスが二五名前後で、当時の内地では、五〇名から六〇名もいたことからすれば、理想的な人数である。

神里氏は親戚から伝え聞いた話として、「資料館の写真にもありましたが、男子生徒はボーイ・スカウトに入団して野外生活を体験したり、遠足は行軍と呼んで、二つの学年が一緒に一五キロ離れたダバオ市内や海辺に遠出したそうです。行軍と呼んだのは、内地の戦時色が強まったせいでしょう」という。

戦前のフィリピン日本人社会で生活した人たちの書き遺したものによると、食事は和食が中心だった。米は現地米に内地米を混ぜて食したが、醬油はマニラのキッコーマン製、味噌もマニラで作られ、ダバオの日本人の人口が二万人を超えると、当地でも生産された。ビールはスペインの伝統を受けついだ現地のサン・ミゲルのほか、アサヒビールがマニラに工場をもっていた。

ミンタルの街

マニラ麻の生産とココナツのプランテーションが軌道に乗って日本人が定着したミンタルには、先の日本人学校のほかに、日本語新聞（「日比新聞」）、病院、歯医者、食堂、商店、豆腐屋、魚屋、個人経営の鉄工所、床屋、髪結い、仕立て屋、クリーニング店が出現した。後には仏教寺院、キリスト教会、神社などが建立されたが、芸者をおいている料亭もあった。

当初は、芸者にお呼びがかかるとダバオから出張してきたが、開戦後、年が明けた昭和一七年(一九四二)に日本軍が進駐してくると、芸者の置屋を兼ねた料亭が常設されている。

ダバオ市には開戦前から三井物産、伊藤商店(後の伊藤忠、丸紅)、古川拓殖、そして太田興業のダバオ店もあった。それでも彼らからみたミンタルは、内陸の田舎町であったことは否めない。

「ダバオ市はともかく、ミンタルにまで売春宿があったのは、独身男性や、フィリピン人の使用人が多かったせいでしょう」と神里氏。

日本が外地に進出すると、芸者の置屋を兼ねた料亭を開設するのが常で、とくに外地の海軍基地まで、ふしぎなほど内地から芸者衆が集まってきた。とはいえ、命懸けで海を渡ってくる女性たちであるから、程度のいい芸者衆はいなかったと言われる。

陸軍は休日や夜になると、内務班のなかの芸達者な兵士が即製の舞台に上がって浪花節、お国自慢の民謡、歌謡曲を披露し、前座や二つ目あたりの噺家がいる部隊では、彼らの落語で憂さを晴らしていた。

そこへいくと、「海軍さんはぜいたくだ」と、陸軍部隊の将兵は悔しがったそうだ。

古い地図を頼りに街を歩く

古い地図のコピーを手に、ミンタルを訪ねることになり、まず古いカリナンの案内図に印された「上カリナン区街」からはじめた。中央のやや広い道に狭い二本の路地が並行し、何本かの別の横道が交差している。

通りには戸主や家業まで案内図に克明に書き込まれているが、パン屋、衣料品店、テーラー、中国人の商店などもある。だが通りの名前は特定できるのに、現在では家はすべて消え失せ、ただ雑草に覆われたままである。

それでも歴史資料館の一九三七年（昭和一二）の写真には、「上カリナン地区盆踊り大会」というキャプション入りの写真が遺され、大勢の浴衣姿のご婦人たちが楽しげに踊っている。

あのご婦人たちの笑顔、子どもたちのあどけない笑顔は、いったいどこへ消えてしまったのか。

「カリナンも戦争で全滅しましたから、まさに夢の跡です」と寂しそうに神里氏が言った。

近くのこんもりとした林のなかに、日本人墓地があった。入口を入ると、白とグリーンのタイル張りの台座の上に、大きな十字架が建っていて、背後には墓石がずらっと並んでいた。

多くは沖縄出身者の苗字で、死亡年月日は大正から昭和一九年までが多い。「在留先同胞霊場」「沖縄県人慰霊之塔」に隣り合わせた屋根付きの合同霊場には、一人ひとりの姓名が刻まれているが、なかの数人を指しながら、神里氏は、

この人たちがわたしの父方の親戚です。死亡の日付がないから、昭和一九年末から二〇年に入って、戦争に巻き込まれて亡くなったようです

と言って、手を合わせた。

慰霊碑の台座には、老婆がひとり猫といっしょに昼寝の最中だった。墓守ではなく近所の人らしい。木陰のひんやりした石の上は、人も猫も気持ちがいいのだろう。いかにも間延びした平和な姿であった。

ミンタルの大通り

レストランの先の大通りに出ると、古びた二階建ての家が軒を連ね、今はバイク屋、食料品店、雑貨屋、レストランなどになっていた。神里氏は、

この格子戸の造りなどをみると、明らかに日本人の商家、民家を思わせる建物です。台風はこのあたりに来ることはありませんから、長持ちするのです。もっとも戦後になって、日本人の家をただ同然で手に入れたこの国の住民たちには、改築したり、建て直す財力はありません

と言った。

わたしはまったく別のことに頭を巡らせていた。今でいうクールビズ姿で日本人の男たちが職場に通い、着物を着て日傘を差した婦人、白い帽子に白いワンピース姿の娘たち、内地より身なりの良い子どもたちが、眩しい南洋の陽光のなかを明るい表情で通っていく光景である。

ダバオの日本人町

戦前のミンタルは、リトル・トウキョウ・オブ・ミンタルと呼ばれたが、地元の日本人

住民は、「オブ・ミンタル」を省略していた。実際にフィリピンではマニラに次ぐ大都市であるダバオの日本人町は、正真正銘のリトル・トウキョウであった。

そこは、ダバオ川に沿ったマガヤネス通りから内側の一本東側にあり、今も車がひっきりなしに通るサンペドロ通りが中心になっている。この通りと、現在のシティー・ホール（市庁舎）と交差する角のあたりが、東京でいえば銀座四丁目角に当たる。

北側の角の背は高くはないが大きな建物は、一階が大阪バザーという有名な百貨店で、大阪貿易ダバオ支店もこのなかにあった。今は家電店、靴屋、雑貨店などがひしめいている。二階は柏原ホテルで、マニラやほかの東南アジアの都市、日本から出張してきた人たちの定宿だった。今はなぜかピンク・クラブという奇妙な名称になっていて、中身はわからない。その上階は宗教団体が入っているらしい。

中心街に遺る日本の面影

この界隈を、着物姿の若い女性を乗せた大阪バザーの宣伝カーが走っている光景や、若い洋装の日本娘が闊歩していた写真を見ると、どことなく戦後の沖縄那覇の国際通りに似ている。沖縄出身者が多かったせいだろう。

目抜き通りのサンペドロ通りを少し南に下がったところにあったサンペドロ聖堂も現存

ダバオの中心街

しているが、通りの名前の多くが、スペインにある通りの名称のままになっている。スペイン統治時代の名残りが健在している地に、日本人町ができていた事実には、少し驚いた。

サンペドロと並行して走るマガヤネス、これらと直角に交差するレガスピ、アンダ、ボルトン、クラベの各通りが、日本人町の主要部分であった。ミンタル小学校よりずっと大きいダバオ小学校は、その東側にある現在のピープルズ・パークという大きな公園の一画にあった。

古川拓殖会社も日本人町の中心街にあった。伊藤商店の支援をうけた古川プランテーションのことで、マニラ麻の生産をしていたから、創業者の古川義三は、ミンタルの太田興業の創業者太田恭三郎とはライバル関係にあった。

戦争によってダバオにおける日本のアバカ

（マニラ麻）産業は壊滅したが、戦後になると同社は、古川殖産の名で南米エクアドルに進出したことで知られる。

首都キトの郊外にアバカとココナッツ・ヤシのプランテーションを拓いたのは、先の古川義三である。七〇歳をすぎた古川義三自らブラジルに渡り、コーヒー栽培に失敗して失望した人たちをエクアドルに移住させたのである。戦後一〇年近くが経ってからのことであった。よほどパイオニア精神にあふれた日本人である。

ダバオには、古川拓殖の広い運動場があり、日本の祝祭日や現地の休日には、野球の試合や相撲大会があった。日本の軍艦がダバオに入港したときは、彼らと親善試合もしたそうだ。

当時の写真（昭和一四年）には、大阪貿易、三井物産、古川拓殖、太田興業の四チームがプラカードを先頭に入場してくる光景が写っている。選手たちはいずれも社名入りのユニフォームを着てプレーしたが、親善試合を楽しんでいるとはいえ、一人ひとりから真剣な表情が読みとれる。

相撲の選手たちもまわしを着けて試合に臨んだが、優勝者には豪華な化粧まわしが贈られた。にっこり微笑んで写っている姿は、さすがに健康で若さにあふれている。

このような光景は、南方に進出した日本企業が、それだけ隆盛を誇っていたということでもある。異民族のなかで生きていくことは、日本内地では味わうことがない緊張する場面もあった。それでも、ダバオの麻製造をはじめとしたプランテーション経営、商工業は発展に発展を遂げ、ダバオ経済の半分以上は日本人が支えるようになったと言われる。

もうひとつ、日本人がこの国に貢献したことがある。

フィリピン人は進んだ栽培技術を日本人が経営する農園で身に付けましたから、これがのちにダバオの産業の基礎が農業になることにつながりました。逆にそれがこの国の近代化を遅らせているとも言えますが、今でも、バナナ、パイナップル、マンゴーのような果物の生産で経済が成り立っているのが現状です。

それと、日本や中東など、海外に出稼ぎに出た若い女性による外貨送金も経済を支える意味では大きいです

ミンダナオ国際大学の理事で、地裁の判事も務めたアントニーナ・オオシタ・エスコビラ女史はそう語る。

彼女の日本人の父親は、戦争中に日本軍に通訳として協力していたがダバオで行方不明になり、その後、三人姉妹は母親と母方の親戚の手で育てられた。彼女はいちばん下の娘

で、迫害を逃れるために日本のオオシタという苗字を母親は隠していた。

母方の名字をついでいるエスコビラ女史は、家が裕福だったお陰で、大学教育をうけることができた数少ない幸運な女性であるが、みるからに聡明そうで美人でもある。

来日した折、首相官邸で当時の安倍総理に、残留日系人の日本国籍取得を直訴したときの写真が、ミンダナオ国際大学の自室に飾られていた。

悲劇の地と化した日本人町

だが、日本人たちが生き生きと活動していた南洋の楽園、写真に遺していったそれまでの平和な光景は、日米開戦によって一変する。日本人社会は現地人の厳しい目にさらされ、フィリピン軍や駐留するアメリカ軍によって、強制収容所に入れられたのである。

それでも開戦の翌年、数万の日本軍がダバオに上陸し、日本の軍政がはじまると情勢は再び一変する。日本人移民は解放され、日本人町はまた復活したのである。

そのころダバオでは、街のいたるところに日本軍人の姿が行き交い、日本人社会のリーダーたちとの会合後の記念写真でも、軍刀をもった軍人が最前列を占め、民間人は後方にひかえている。これだけみても、軍人と民間人との力関係が明らかである。

そのなかに開戦翌年の昭和一七年（一九四二）、海軍のササ飛行場（現在のダバオ国際空港）設営隊を視察した軍司令部の幕僚たちの記念写真には、軍刀をさげた海軍主計中尉中曽根康弘（のちの首相）が、半ズボン、半袖姿の防暑服姿で写っている。

日本軍の逆襲

日本軍がミンダナオ島に常駐すると、フィリピン人が殺害される事態が発生した。多くは米軍協力者、米軍主導の現地人ゲリラ部隊の隊員などで、スパイ容疑で多くの混血の日系人も殺害される事態となった。

だが一九四四年に入って米軍がフィリピン奪回を開始すると、現地人は米軍を熱狂的に迎え、ゲリラ活動に参加する者が続出する。日米が激突したミンダナオ島の戦いでダバオ市、とりわけ日本人町ミンタルは激戦地となってしまった。

ミンタル小学校は、日本軍に接収されて兵士たちの宿営地となった。そして激戦の末に日本軍の敗退がつづくと、将兵も民間人も山岳部に退却したが、戦闘やゲリラ襲撃、病気や飢餓で山中を彷徨していた彼らのうち、数万人が死亡したとされる。

以後、生き残った日本人移民は、反日感情を怖れて日本人である証拠を隠して生きることになった。戦後、日比両国の関係が改善し、反日感情が薄れるまで、フィリピン人としてひっそりと暮らすことになる。

それでも日本人移民のなかには、身一つになったとはいえ、無事に祖国の土を踏むことができた人も少なくなかった。統治したのがアメリカだったお陰であることは間違いない。

これも明治以後、日本人が海外雄飛を夢見て南洋をめざし、成功を収めたあとの結末として、日本が甘受しなければならない命運であった。それは、満州に渡った開拓民たちに似た運命をたどった、苦い歴史の一ページなのである。

第七章

鎖国以前からあったベトナムの日本人町

ホイアンに築かれた日本人町

戦国末期から江戸時代にかけ、日本人が南洋に拓いた三大日本人町はルソンのマニラ、タイのアユタヤ、そしてベトナムのホイアンである。

東部の海岸線が南シナ海に面し、トンキン湾に緩やかなS字を描くベトナムは、北は中国、西はラオス、カンボジアと国境を接する細長い国である。南部最大の都市がホーチミン市（旧サイゴン）で、北部最大の都市がハノイ、そして中部に位置するホイアンは市内の中心部を流れ下る川から、南シナ海が数キロ先に開けている。

ルソンのマニラはマニラ湾に面し、アユタヤは河川に囲まれた水の都、そしてここホイアンは川幅が一五〇メートルで、豊かな水量のトゥーボン川の河口が南シナ海への玄関口である。

そこから東の沖の南シナ海に浮かんでいるのが海南島で、四〇〇年以上前に日本から乗りだした商船には、重要な経由地でもあった。

中部の都市ダナンの空港に降り立つと、めざすホイアンは車で四〇分の町である。雨季の明けた明るい日差しのダナンの町中を過ぎ、鬱蒼とした南洋の緑の先に、世界文化遺産にも登録された、古い町並みが見えてくる。

町の中央を西から東にゆったりとトゥーボン川が流れくだり、南シナ海に通じているホイアンは、古来貿易港として栄えてきた町である。

鎖国前に拓かれた三大日本町は、いずれも交易船が出入りする、水運に恵まれた地であった。ここホイアンも、地の利の良さのほかに、すでに当時の航海術で貿易の重要基地になっていた。

先駆者は中国人

現在、トゥーボン川を遡行《そこう》してくる大型船はない。かつては現在ほど土砂などの堆積物がなかったので水深が深く、ホイアンはポルトガル、オランダ、日本からの外洋帆船が出入りする重要な貿易港であった。なかでも主役は箱型をしたジャンクと呼ばれる中国船であった。

中国は「南船北馬」と言われたように、華南には河川が多く、人の往来だけでなく、物流も船に頼ってきた。沿岸からは、広く東南アジア、さらにアフリカ東海岸にまで乗りだしていったが、これには羅針盤の発明が貢献した。磁石が南北を指すことを発見したのは中国人で、火薬・製紙法・磁石の応用は中国の三大発明品とされている。当初、五代十国時代の後漢《こうかん》（九四七～九五〇年）の時代には占いの道具として使われていたが、やがて方角を知るのに指南魚《しなんぎょ》なるものが作られた。

宋時代の一一世紀に入ると、外洋を航行する四角形の大型ジャンク船にも使われるようになり、東南アジア、遠くアフリカ東海岸にまで乗りだしていった。

ホイアンという町

現在ホイアンの町中では、車やバイクの乗り入れが禁止されている。そのために、ホーチミンやハノイ、ダナンのような市中の激しい動きはなく、初めての異邦人にもどこか懐かしい心持ちにさせてくれる、落ち着いた町並みがつづく。数百年をへた民家が軒を連ね、黒ずんだ瓦と木のもつ、ぬくもりを感じさせるせいでもある。

マニラやアユタヤと違い、時の政治の中心地と宗教とも縁が薄く、商人の町として栄えていたことが、町中に入ると一目瞭然である。

したがって、日本からマニラに追放されたキリシタンの高山右近、外交交渉のためスペイン、ローマにのぼり、帰途マニラに二年間滞在した支倉常長、アユタヤに政治力と軍事力、経済力で君臨した山田長政のような突出した人物も、ここホイアンには見当たらない。宗教にはさしたる縁もなく、実利主義に徹した交易商人たちが主役だったためである。

町の成り立ちは、大阪の船場《せんば》や堺に似ていると言いつつも、ホイアンの人々は物静かで

遠来橋（別名日本橋）。日本人町とメインのトラン・フー通りを結ぶため日本人が建造し、現在の橋は中国人が改築したとされる

控え目なところが違っている。

その伝統は今につづき、日本人が造った橋を改修してできたとみられる屋根付きの来遠橋（通称「日本橋」）で運河を渡るチャンフー通り、一本南に寄ったグエンタイホック通りも、古い商家の町並みである。今は土産物屋、両替屋、喫茶店風の茶屋、洋品店、レストランになり、大勢の観光客が行き交ういずれの道も、トゥーボン川と並行している。

店内に入ると、面白い造りになっていた。どの店も入口から入ると奥の方にそのままつづき、間口よりも奥行きの方がずっと長い長方形をしている。たいてい中庭がついているから、晴れた日にはぽっかりと青い空がのぞいている。いちばん奥が、店のオーナー家族の生活空間である。

服装からして中国系らしい中年の母親と、娘姉妹が中庭にもち出したテーブルで、せっせと餃子作りに余念がない。母親は長めの丸い棒で皮を伸ばし、娘たちは海老や豚肉、野菜で練り上げた具を皮に包み込んでいた。時折、三人が、得意げな視線をこちらに向けてくる様が微笑ましかった。

日本人町が消滅した後の、ホイアンの主人公は中国人に替わった。墨黒の渋い屋根瓦、家の造りも家具も生活様式も変えず、世界に広く根付いた華僑たち。祖国中国はどんどん様変わりしていくのに、昔ながらの思考も生活スタイルも変えない彼らの姿は、ホイアンにもあった。

日本人町があったチャンフー通りを歩いただけでも、威容を誇る福建会館、華僑会館は、この町の主人公になり変わった、中国人の存在の大きさを物語っている。

家業のお茶屋の後継者で、この地に生まれ育ったという妙齢の女性に尋ねると、「心は中国人。でもわたしはベトナム人です」という答えが返ってきた。

交易市場ホイアン

日本人町があった当時の事情に、もう少し触れよう。ホーチミン市国家大学の歴史研究

員グエン・トラン氏によると、

ホイアンはトゥーボン川の左岸に拓けた町ですが、上流の森林地帯は香木の産地でした。香木といっても種類が多く、主として薬用として中国への輸出品です。肉桂の産地でもありますが、こちらは樹木の内樹皮から取れる香りの高い香辛料です

子どものころ、村祭りの夜店でニッキを買ってしゃぶった記憶があるが、肉桂はシナモンや京都の八ッ橋に近い香りがする。

先の研究員が言っていた。

トゥーボン川の上流は、有用な植物の産地だけではありません。以前は金鉱、銅鉱で貴重な金属が採掘されていたから、ホイアンで大型船に積み替えられ、南シナ海に出ていきました

出入りするのは日本で南蛮船と言われたポルトガル船、オランダ船のほかに、中国船と日本の船だった。行き先は、華南各地、香港、タイのアユタヤ、ルソンのマニラ、そして

日本の長崎や堺である。

日本の南蛮貿易は一五四三年ごろにはじまり、一六三九年、三代将軍家光の時代、幕府によりポルトガル船の来航が禁止されたのを機に終了したとされる。それより先、スペイン船に対しては政治的、宗教的理由で一六二四年に来航禁止令が布かれた。

その間にあって、朱印船貿易は秀吉にはじまり、徳川三代にわたっているから、時代としては戦国末期から江戸時代前期までであり、最盛期は一七世紀初期であった。

日本人町の規模

当時の日本人町には、三〇〇人以上の日本人が住んでいたといわれているが、一〇〇〇人規模だったという説もあり、定かではない（外山卯三郎『南蛮船貿易史』）。

その後の規模の推移にかかわったのが、幕府による鎖国政策である。日本町の人口にバラツキがみられるのは、三回にわたって出された鎖国令の、どの時点をとらえるのかも関係し、鎖国令が出るより以前なのか、第三次発令のあとなのかにもよる。

一六三三年の第一次鎖国令は、五年以上海外に住んだ日本人の帰国禁止が謳ってあり、次の年が第二次鎖国令、そして翌三五年の第三次鎖国令へとつづいた。いずれも三代将軍

日本人町の建物は、中国人が造り直す

家光の時代である。

だがこれらの鎖国令では、五年未満の滞在者なら帰国できることになる。後で触れることになるが、ホイアンに残った谷弥次郎兵衛《たにやじろべえ》なる商人が、仲間と帰国の途についたものの、途中で恋人のもとに戻り、この地に没したという例もある。

だが帰国禁止令により、日本人交易商人は撤退したり、日本からの人的補充ができなくなった。その結果、交易活動が低下し、現地の日本人町が衰退する原因になってしまった（前掲書）。

ルソンに一族で追放された高山右近ら切支丹たちを除いて、日本人が家族単位で東南アジアへ渡った例はきわめて少なく、これは華僑との違いを鮮明にする。必然的に彼らは現地女性と家族をもつことになったが、現地人に同化したり、アユタヤの例にもあるように、現地人との紛争によって殺害された例も少なくなかった。

ではホイアンの日本人町は、どうして姿を消してしまったのか。時期を明確に限定する資料はないが、一八世紀後期にホイアンで大火があり、これによって壊滅的状況に陥ったとされる。

したがって、現在の町並みは一九世紀に入ってから中国人が再建したもので、太くてくすんだ柱、床材、梁などの部材だけでなく、建築様式からも、新しさを感じさせないのは、どっしりと地に着いた伝統を重んじる中国人の気風によるものだろう。

歴史研究の町ホイアン

ベトナムは古くは周辺国や中国、大航海時代の近世に入ると南蛮の国々と接触するようになった。そこに割り込んで商業活動を営み、日本人社会を作ったのが室町末期以後の日本であった。

しかし前述の通り、ホイアン日本町の衰退は、鎖国とそれにつづく大火がダメ押しすることになった。その跡に中国人が彼らの町並みを造って住み着いてしまい、結果的に日本町に残る遺構がきわめて少ない原因になった。

そこで二〇世紀になると、発掘作業がフランス人研究者の手によってはじまった。考古学は遺物や遺構など、そこに生きた人間たちが遺した文化の痕跡を調査して、当時の人間たちの活動とその変化を研究する学問である。

そこで現代のわたしたちは、彼らの報告書や遺品、伝承などを通して、当時の文化、価値観など、歴史的事実を知ることになる。それが今も町並みの表と内部に残る痕跡と、現代人の生活の営みにどんな接点があり、何を語りかけているのか、歴史の町を歩く楽しみもそこにあるわけである。

では、日本人によるどんな研究書があるのか。文献史学者として日本近世対外交渉史が専門の岩生成一《いわおせいいち》（台北帝大教授、戦後東大教授）は、戦前に広く海外の文献を渉猟して著した『南洋日本町の研究』をはじめ多くの優れた研究書を残したが、ホイアンについての記述はない。

日本人研究者による発掘作業は、一九七五年にベトナム戦争が終結し、社会主義国として落ち着きを取り戻した一九八〇年代に入ってからとされる。幸い戦火を免れたホイアンは、日本人研究者が町並み保存事業にかかわる形で進められ、優れた研究書や報告書が数多く出るようになった。

鎖国以前の日本人の行動力、世界観には、現代の日本人研究者を引き付けるオーラがあるようだ。それは島国の日本に生まれ育ったわれわれの心を動かすに十分だが、海の向こうの異文化の世界へ渡っていった先人たちの熱い志に、得もいわれぬ親近感をもつからでもある。

ホイアンの日本人町

朱印船貿易によって日本人町が形成され、最盛期には三〇〇人から一〇〇〇人の日本人が居住していた町ホイアン。当時はオランダ東インド会社の商館も置かれるなど、西洋と東洋を結ぶ貿易拠点となっていた。

その後鎖国政策によって日本人は引き上げることになったが、この地に残ることを選択した日本人もいたのは、それだけ惹きつけるものがあったのだろう。

今日、ホイアンの町に降り注ぐ陽の光はいつも穏やかである。やさしく溢れる光のなかを、四〇〇年まえの日本人の姿を思い浮かべながら歩いていると、心が浮き立ってくる。だが彼らの遺した刻印を探し求め、息遣いを感じ取るのはやさしいことではない。それでもどこかで、彼らと対話している心持ちになれるのはたしかだ。

戦時中、陸軍報道部派遣の報道班員としてフランス領インドシナ（現ベトナム・ラオス・カンボジア）のダラット（サイゴンの東二〇〇キロ）にあった作家林芙美子は、戦後にフランス領インドシナから復員してきた農林省技師の富岡兼吾と幸田ゆき子を、小説『浮雲』の主人公として登場させた。
敗戦後の混乱した東京で、何の当てもなく生きていく男女の生きざまを赤裸々に描いたが、それでもダラット滞在中の主人公たちの南洋の空気を満喫している姿が生き生きとしていて眩しい。
この国を広く旅した林は、ホイアンが気に入っていた。『浮雲』にはフランス人たちが使っていた別名のヘイホ（正しくはフェイフォ）で出てくるが、主人公たちは、日本人の墓を訪ねたり、通称日本橋のあたりを彷徨している姿が、苦戦がつづく戦地や内地の光景とよほどかけ離れて描かれている。

ゆき子「マッチ箱を二つずつ重ねたような白壁塗りの家並みがつづいて、あのときの私達ってぜいたくね」
富岡「罰があたったんだよ」

日本人が造ったとされる、その日本橋に通じる目抜き通り、チャンフー通りを、東から西に向かうと、中国風の古い民家はほとんどが商店になっている。なかでも通りの左手の廣勝《こうしょう》家《け》は平屋で、京都の町屋に似た建て方からは、林芙美子ならずとも、そこに生きている人たちには、エキゾチズムではなく、わたしたち日本人が、どこかで見たことのある懐かしさと安堵感の世界に引き込まれる。

この家は初代から一家の主人が貿易商を営み、女性たちが輸入品や地元の産物を商う、幅広い物産店として財をなしてきた。

奥に長い建て方はほかの家も同じだが、廣勝家はいたるところに使われた黒檀と紫檀の柱や梁にだけでなく、壁板にも彫刻が施され、光と風を取り入れる中庭の石の壁まで、彫刻がつづいている様は、美術作品を思わせる。

表通りに面した空間が店で、その奥が先祖を祀る祭壇になっている。祭壇の黒い重厚な光は、この家の歴史と財力を物語っている。

店主に聞くと、彼らの先祖は華南の福建省出身で、三〇〇年つづいた家だという。当たりまえのことを当たりまえに受け継いできただけのこと、と言いたげな老主人の表情には、深い味わいが読みとれた。

その奥が客間で、茶の国中国らしく、鈍い光を放つ古い茶器が揃う佇まいは、「商」「先祖への畏敬の念」「客」が並んでセットになっていたことを物語っている。渋沢栄一が言った「商いは論語とそろばん」は、華僑の商人道にも通じているようである。

何ゆえ祭壇が店先に置かれているのか不思議に思えるが、「信用」が命の商いには先祖代々に遡る「家風」の存在が不可欠で、奥の客間には客との団欒を大切にする商人道の作法がみえている。

さらにその奥はプライベートの生活空間で、書斎を兼ねた事務室、中庭、寝室、食堂、そして台所と厠が向かい合い、裏通りにつながる。この配置はペナンの華僑の商家も、概して同じであった。

日本町ここにありき

では日本町の痕跡はどこにあるのかについて、ベトナム人研究者の多くは日本人町も中国人街も、佇まいが類似していることに注目している。研究者たちは、日本町が消えた後に中国人が表面の造作を変えて改築した事実を指摘しているが、日本人が売り渡した証文が根拠になっている。

そこで、目抜き通りのチャンフー通りを東から進んで右手の八〇番にある「貿易陶磁博物館」に入ると、ある程度納得がいった。無傷の陶器類は近海の沈没船から引きあげられたもので、陶器のかけらは古井戸や発掘調査によって出土したものだった。

博物館の学芸員の説明では、肥前（現佐賀・長崎県）の焼き物で、主として唐津焼、伊

朱印船の模型（貿易陶器博物館）

万里焼、有田焼であるという。小皿、中皿、どんぶりの類が多いのは生活用具が主流だったことを示しているが、なかには装飾品として商われていた陶器もある。

博物館で注目されるのは、「茶屋《ちゃや》新六《しんろく》交趾《こうし》国貿易渡海図」の写しの一部である。この図巻は文禄期（一五九二〜九六）以来、尾張藩の御用商人で海外貿易を営んでいた茶屋家から、名古屋市東区の情妙寺に寄進されたものだった。

描かれているのは、茶屋新六なる人物の貿易船が交趾（こうちとも。現在のベトナム中部以南）へ渡航した折の模様を絵師に描かせたものである。元和年間の作とされるから、おおよそ四〇〇年まえになる。

絵図に描き込まれている三本マストの船の大きさは、メートル法に換算すると、全長四五メートル、幅八メートル。当時日本に来ていたスペインのガレオン船は一回り大きく、六〇〇トンが標準であったから、茶屋新六の朱印船は二五〇〜三〇〇トンほどと推定される。

茶屋家の朱印船については、『朱印船貿易絵図の研究』（菊池誠一編）という書に詳しいが、当時の日本町の外観をうかがい知ることができる。

日本町の家並みは、隣接する「唐人町」より大きく立派な二階建てが軒を連ね、「日本町両輪　三丁余」とあるから、日本町は両側に三丁（約三〇〇メートル）あまりつづいていたことになる。現在のチャンフー通りの、日本橋から西側にあった日本町のことらしい。描かれている人物は髷を結った男、日本髪の女も登場するが、侍風、町人風のほかに、法衣を着た複数の男女は、明らかにキリシタンである。聖俗によらず、男より少ないとはいえ、日本女性もいたことになる。

当時は表通りを商人たちが忙しく行き交い、和装の日本女性や子どもたち、中国人やベトナム人女性との間にできた子どもたちを連れた家族も行き来していたようにみえる。絵図には周辺の田園風景も描かれている。水牛を使って水田を耕す農夫もいるうえに、日本人墓所も近いことから、農業を営んでいた者もいたとみられる。トゥーボン川には、現在も漁船が係留されているが、気候が温暖で米と魚のあるこの地は、日本人には住みやすかったとみられる。

絵図や遺された陶器などからみえてくる日本人の生活風景を思い浮かべていると、時間が止まっているようで感無量であった。

日本町とは何か

そもそも日本町とは何かについて、前出の岩生成一は、「一七世紀の東南アジア各地で日本人が一定の地域に集住し、現地の支配者によって自治が認められた場合を指す」、と規定している。

しかし日本町の存在は日本人の視点だけで見るのではなく、日本や現地の国家権力が、東西の文化、経済の交流拠点としてどんな役割を期待し、実際に果たしてきたかが重要になる。

その意味では、対オランダ、中国以外の国と鎖国した事実は、国の有りようが、いびつになったことは否めない。

江戸や大阪の庶民文化が醸成され、日本独自の文化が定着した一方で、鎖国後の日本では、長崎を拠点にして中国貿易もオランダとの通商も、鎖国前より盛んになった事実もある。

東南アジアの日本町では交易が前提になるが、ルソンのマニラでは、キリシタンという禁教令を逃れてきた日本人が多く存在したという、特異な事情が加わる。

政教一体の国家体制にあるイスパニア帝国の出先機関であるマニラ総督府が支配者として君臨するルソンでは、日本人キリスト教徒を容認して自治を与えた。一方、アユタヤでは現地の王朝から、日本のサムライの戦力が期待された。

だがホイアンの場合は、政治が不安定であるために安南国王も各地の領主も、権力構造が明確でなく、政治色をもたない日本人、中国人の商人に対しては寛容であったともみられる。一方、社会が安定していない国に滞在する外国人が頼れるのは、信用のおける同胞と財力である。

商業が最優先されたホイアンでは、周辺社会と摩擦を起こさず、正直、生真面目、働き者という日本人の特質が、評価されたことになる。

そのことはまた、日本町が衰亡した後も、中国本土や周辺国、ホイアンの中国人やオランダ人、ベトナム人との商取引を介して、生き延びる道を探る結果に結びついたとみられる。

日本人による調査と日本橋

日本人研究者によるベトナムの日本町調査は、前出岩生成一氏が、一九四〇年（昭和一五）に刊行した『南洋日本町の研究』にも記載されているが、主として内外の文献に重点を置いている。日本人研究者による考古学的視点からの発掘調査が本格化したのは、一九八五年以降とされ、多くの論文が発表されるようになった。

なかでも興味深いのは、日本人が造ったとされる来遠橋（通称「日本橋」）の碑文には、頭の二文字は判読できないが、「〇〇日本国人所作経奉」の文字が読み取れる。

橋に瓦屋根が付く建築様式は、たしかにめずらしい。建てられたのは一五九三年で、橋の左右には猿と犬が鎮座し、船の安全を祈っているから、この橋は朱印船貿易のお守りだったとみられる。

橋を角度を変えて見つめ直してみると、四本の石の橋桁は日本のものと形式が異なることから、後年架け直されたものと思われる。一九九三年（平成五）から継続的におこなわれている昭和女子大学などの発掘調査により、橋のすぐ横から木杭や板材が見つかり、本来の日本橋の遺構ではないかとみられている。

ということは、日本人が造った橋を中国人が建て直したということになり、旧日本町と同じ命運をたどったことになる。

消えた日本人町、今も栄える中国人街

鎖国が日本人町衰亡の一大原因とはいえ、今も華僑社会が世界に顕在する事実を考える

と、日本人社会が脆弱だったこととは、どこに違いがあるのだろうか。

日本の大学で教鞭をとったこともある、クアラルンプールに住む中国系の前出陸培春氏が言っていた。


世界に広く在住する華僑を表現するのに、ワンス・ア・チャイニーズ、オールウェイズ・ア・チャイニーズ（ひとたび中国人として生をうけた者は、未来永劫にわたって中国人でありつづける）という言葉があります。

わたしたちの祖国は中国ですから、出先で新しい国家を作る思考はありません。そんな面倒なものを作るよりは、信頼できる者同士の小さな社会で生きている方が便利なわけです。常に社会不安が付きまとった本国にいたときよりも、はるかに豊かで安心できるからです

ホイアンばかりか、江戸時代から東南アジアに広がっていた日本人町がどこも消滅してしまっているのに、中華社会は顕在している現実をみると、彼らの底力を思わずにはいられない。

鎖国令のあともホイアンに留まった谷弥次郎兵衛の墓（田んぼの中にある）

日本人の墓

ホイアン滞在中、日本人墓地をぜひ訪ねたいと思っていた。現在、確認できる日本人の墓は三つあるが、地元の人にもよく知られているのが谷弥次郎兵衛の墓。ハイバーチュン通りを北に向かうと、一キロほど離れた右手前方の田んぼの中にあった。墓は五メートル四方角で、周囲は一尺ほど高くコンクリートの壁で囲まれ、一家のホイアンでの経済力を忍ばせる立派な墓である。

盛り上がった墓石は亀の形をしていて沖縄を想わせるが、墓碑は風化が激しく、やっと「顕考弥次郎兵衛谷公之墓」と判読できる。墓碑の上の二つの傷跡は、ベトナム戦争当時のものだと、地元の案内人が言っていた。町と離れた周囲は田んぼばかりであるから、銃撃戦で墓石が遮蔽物にされたのだろう。

墓碑の後方にある由緒書きには、一九二八年（昭和三）に黒板勝美文学博士の提唱により、この地に没した日本人の墓を修復した旨が書かれている。先祖の墓を大事にするベトナム人は、黒板氏の遺志通り、異国の地に没した日本人を大事に守ってくれているのだとわかる。

近くの水田で農作業していた、編み笠を被った中年の農夫がいつの間にか近寄ってきて、線香とライターを手渡した。わたしは日本の作法の通りに線香をたむけ、手を合わせながら、日本人商人谷弥次郎兵衛の生涯を思い浮かべた。

彼は鎖国令によって、在外五年以内の者は帰国できることを知った仲間の日本人たちに誘われ、いったん帰国の途についた。しかし残していく恋人への想いは断ちがたく、独りでこの地に戻ったと伝えられている。

鎖国令が出ていたのは一六三三年から三九年までの六年間。谷弥次郎兵衛が亡くなったのは、戻ってから十数年後の一六四七年であるから、小川のほとりの田んぼの一隅にたたずむ墓からもうかがえるように、その間、恋人と所帯をもち豊かで幸せな生活を営んでいたものと推定される。

墓は風水のしきたりに従って建立されているが、偶然とはいえ日本の方角を向いて建てられてあるとも解釈できる。この地に没した日本人の、心に宿した望郷の念を思いやってのことらしい。

一旦、仲間と日本に向かう船に乗り込んだのは、トゥーボン川の左岸で日本橋より一〇〇メートルほど下流あたりで、いまも小舟の船着き場になっている岸辺だったとされる。

今この場に立ちつくしてみると、船を降りて足早に彼女の家に戻っていく、谷弥次郎兵衛の心情に浸りながら歩いてみたい、という心持ちが働いてくる。


二つ目の墓は同じハイバーチュン通り沿いで、市街地寄りにある蕃次郎《ばんじろう》の墓である。こちらは民家に囲まれ、サイズも形も先の谷弥次郎兵衛の墓に似ているから、羽振りのいい商人だったようである。とはいえ、墓石の風化が激しく、かろうじて「顕考蕃二郎〇日純信神墓」と読める。

墓が建立されたのは、「乙巳年仲冬設立」だけでは、年代も数多く分かれるから、いつのことなのか、にわかに断定できないが、一六六五年説が有力である。墓の建て方が谷弥次郎兵衛、さらにもう一つの「具足君の墓」とも似ているから、一七世紀のものと思われる。

案内板には「Mộ Ông BANJIRO」（蕃次郎の墓）とあり、谷弥次郎兵衛の墓同様、参拝の注意事項が、ベトナム語、日本語、英語、仏語で書かれている。違うのは民家の敷地の一部にあるためか、清掃が行き届いていた。

年輪を重ねた家主の男性に尋ねたが、「ジャパニーズだ」というだけで、それ以外のことは言葉が通じず、わからなかった。

しかしこの墓は、谷弥次郎兵衛、もう一つの具足君の墓同様、歴史学者の黒板勝美が一九二八年（昭和三）に、ホイアン在住の日本人に修復を委託していたという記述がみられることから、根拠があるのだろうと思われた。

三番目の具足君の墓は、蕃次郎の墓から近くの路地を入りこんだ、民家の脇の畑の中にあった。大きさも先の二つの墓とほぼ同じだが、具足君とは、ホイアンに住んでいた長崎の商人「具足屋次郎兵衛」のことらしい。墓が建立された「己巳」は、一六二九年か、一六八九年のどちらかである。

彼がホイアンで何を商っていたかは不明だが、江戸末期から明治にかけて、東京に「具足屋」という、刀などの武具を扱う店が出現しているので、珍しい苗字であるから関係あるのかもしれない。

それはともかく、いずれの墓も立派な造りであるから、ホイアンの日本人たちは、経済的に豊かであったことを物語っている。遺族や周辺の人たちにも、異国に没した彼らへの、崇敬の念の深さがうかがわれる。

ふたつの国を結びつけたもの

日本とベトナムは不思議な縁でつながっていた。

一言で言えば、ふたつの国は風と潮の流れという、自然現象によって結ばれた、ということである。

そこに、海外との交易を熱望する為政者が日本側に現れ、朱印船が登場した。朱印状が出されたのは、江戸時代に入った一七世紀初期の三二年間にすぎなかったが、国際化の時代があったという意味は大きい。

冬の終わりから春にかけて長崎を出航した帆船は、北東風に乗って華南に向かい、海南島付近から潮に乗りホイアンに着いた。夏には偏西風に乗って北上し、日本へ帰着できたのである。

ベトナムは戦前の日本では安南（An Nam）と呼んでいたが、日本近代史では仏印（仏領インドシナ）として扱う場合が多い。一九世紀半ば、フランス海軍のダナン砲撃からはじまり、以後植民地化されていたためである。

一方ベトナムは、日本が太平洋戦争に突入する、直接の切っ掛けになった国でもある。昭和一五年（一九四〇）九月、日本陸軍は日華事変解決のために北部仏印進駐を強行した。ハノイを中継点にして欧米の戦略物資が、隣国中国に流れていたからである。曰く「援蔣ルート遮断のため、ハノイ・ルートの封鎖」。この強硬策は、四日前に締結された日独伊三国同盟の威力が背景にある。当時フランスはドイツの占領下にあり、「ガラ空きになった仏印」「バスに乗り遅れるな」が、日本の戦争指導者の合言葉になった。

さらに翌昭和一六年（一九四一）七月末、今度は日本海軍がサイゴンに陸戦隊を送り込んで、「南部仏印進駐」となったが、これは難航する日米交渉に決定的な決裂をもたらすことになった。

航続距離三〇〇〇キロを誇るゼロ戦が、南部仏印に配備されると米国統治下のフィリピン、蘭印が制空権内に入り、危機に晒されるからである。石油のほしい日本はむろん、蘭印の油田地帯を制圧するのが狙いであった。

天然資源の豊富なマレー、軍事要塞化していたシンガポールを支配するイギリスも、脅威は同じであるが、これで日米開戦となったのは歴史が示す通りである。

だがベトナムは、わたしにはほかの南洋諸国にはない、重い課題を負っている国であった。一九六五年から一〇年間つづいた、あの忌まわしい戦争と重なるからである。

折しも一九六〇年代後半から七〇年代にかけて、米国で学生生活を送っていたわたしには、ベトナム戦争は対岸の火ではなく、自身の運命にかかわる事態を経験することになった。

届いた召集令状

そのころ突然、在米中のわたしに「〇月〇日までに、サンノゼ陸軍歩兵部隊に入隊せよ」の令状が届いた。永住権の申請をしていたことが原因だったのだが、急ぎ、申請を取り下げてしまった。学費が安く済むという、いたって安易な理由で書類を提出していたにすぎないわたしが、他国の戦争に巻き込まれるのは真っ平である。

そのころ米国各地では、昼間の町中を、ライトをつけたままゆっくりと走る星条旗に包まれた霊柩車を見送ることが珍しくなく、米国人の友人の葬儀に出席したこともあった。夕日が沈むころ、棺が広い芝生墓地の地中に納められた後に吹かれる、別れを告げる兵士のラッパの悲しいメロディーを今なお忘れられないでいる。

この頃から、第二次世界大戦直後、英国首相ウィンストン・チャーチルが民衆に向かってやってみせたVサインに対して、掌をひっくり返したピース・サインが世界に流行るようになったが、発信源は米国であった。

「戦争に勝者も敗者もない。直ちに戦争を止めて平和を」という、若者や親たち、兵士の妻や恋人たちの悲痛な願いだったのである。

それから半世紀が流れ、二〇一八年一月、ホーチミン市（旧サイゴン）を訪ねた。滞在中のヴィクトリー・ホテルの四軒隣にある戦争証跡博物館では、米軍の爆撃機はじめ、血なまぐさい展示品のなかの米兵の写真のコーナーに、釘付けになってしまった。

そこには亡くなった現地人はむろんのこと、最前線にいながら、屈託のない笑顔を見せている若者もいた。だがそれだけではなかった。

ひきつらせた顔、寂しげな笑みを浮かべる兵士たち、表情を抑えて遠くに視線を送っている顔、顔、顔。

どれも生きていれば今のわたしと同年代のはずだが、何年たっても彼らは若いままである。当時の若者たちの嘘偽りのない表情がそこにはあった。

戦死した米兵たちの写真を食い入るように見つめていると、いつしか亡くなった友人たちの顔を必死で探している自分に気が付いて、目頭を押さえてしまった。ベンは、ディックは、ロバートは。

翌年もその次の年も、同じ写真のコーナーのまえにたたずんだが、元気でいるかぎり、毎年彼らと対面しなければという気になった。

それが、召集令状を忌避したわたしのせめてもの罪の償いであり、反戦運動の中心だったカリフォルニアのバークレー校でキャンパスライフを送り、フォーク歌手のジョーン・バエズらといっしょに反戦歌を歌った自身への回答でもある。

それはまた、北のハノイから南のサイゴンにいたるまで、ベトナムの激戦地を訪ねる慰霊の旅をつづける、原動力になっている。

ため息をつきながら外に出ると、雨季の終わったサイゴンには穏やかな陽光が、高い街路樹のあいだから漏れてくる。

群れをなして歩道を堂々と走るバイクの若者たちにも、道行く人々の表情にも暗い影がまったくないことに、救われた心持ちになった。日本の友人の紹介で会った日系企業の社長が言っていた、「いまベトナムは大変な日本ブームです」という言葉もうれしかった。

この光景を、あの戦争の時代、この地に斃れた人々に見せたくなった。

第八章　山田長政がいたタイ・アユタヤ

仏像の町へ

タイ・バンコクのホァランポーン駅は、懐かしい鉄道の駅である。若き日に、チュラロンコン大学に近い一泊八〇円で泊まれるユースホステルを根城にして東南アジアを放浪した折、随分お世話になった駅であった。

　後年、シンガポールまでイースタン&オリエンタル急行に乗ったり、山下奉文将軍の足跡を訪ねてこの駅を何度か利用したが、ヨーロッパのそれに似たカマボコ型のドーム駅に流れる、まったりとした空気は今も同じであった。

　オレンジ色の袈裟を巻いた僧侶の集団、大きなズタ袋を担いで地方へ帰っていくオバサンたちの群れ。列車の待ち時間が何時間も、ときには半日もあるせいか、急いでいる人はどこにも見当たらない。

　経典を読んでいるのか、瞑想にふけっているのか、僧侶たちはさすがに寡黙だが、脚を広げたままのオバサンたちが占拠したドームやホームの一画は、さながら帰っていくツバメの群れである。

　アユタヤ方面に行く急行列車に時間どおり乗り込んだはずなのだが、一向に出発する気配がなかった。それから半時が過ぎて、車掌も車内巡回の係員も「そろそろ出発だな」と

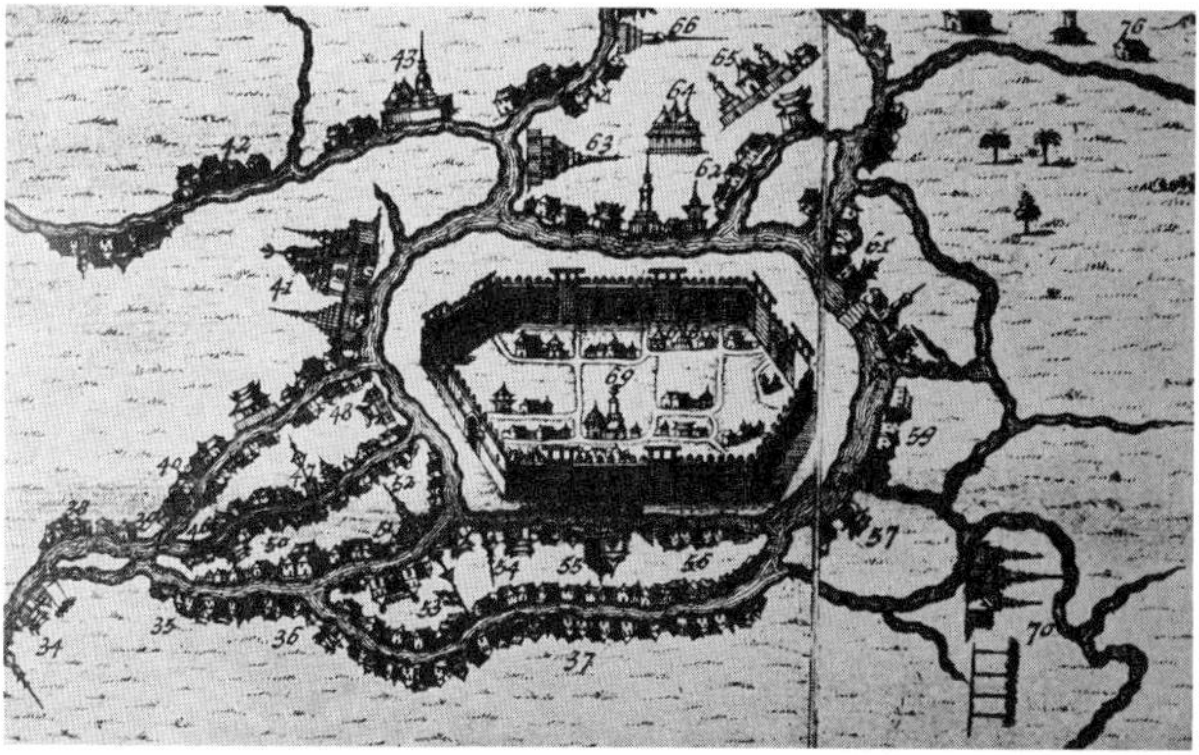

水の都アユタヤ。左下の36が日本人町の辺り（1724年の鳥瞰図、新旧東印度誌所載）

いった表情になると、定刻より四〇分遅れて発車した。

早速、隣のオジサンが、赤いドラゴンフルーツを盛んに勧めてくれたので、二つ頂いた。言葉は通じなかったが、「恥ずかしながら帰ってまいりました」の名文句で知られた、グアム島から帰還した横井庄一さんに風貌が似ていた。

途中の駅から乗り込んできた果物を売るオバサンの後からは、弁当を売りにくる娘もいる。もち米を炊き込んだおにぎりは、かつてはバナナの葉に包んであったが、今は白い発泡スチロールに替わっていた。

窓外の景色にみとれていると、沼地が現れて、アユタヤが近いことを思わせた。街に入るとあらためて知ることになるが、水の都と言われたほど、河川が都市の構築に大きな役割を果たし、海外貿易の拠点であったことをうかがわせている。

日本とかかわりの深い歴史の町アユタヤは、バンコクから北へ八〇キロ。ホァランポーン駅を出て一時間半で、アユタヤの駅頭に降り立った。件のオジサンが、優し気に手を振ってくれていた。

山田長政像（日本人町歴史センター蔵）

山田長政とはどんな人物か

戦前の子どもの「いろはがるた」の「や」は、「やまだながまさシャムにゆく」だった。「海外雄飛の先駆者」「アユタヤ王の側近」、さらに「王朝配下のリゴール国国王に上りつめた男」など、ロマンに満ちた伝説の人物としても、日本では広く知られていた。

対米英開戦前夜の昭和一六年（一九四一）一一月一〇日、陸海軍首脳による打ち合わせ会の折、マレー・シンガポール作戦の指揮を執る山下奉文中将が、隣席の連合艦隊司令長官山本五十六と交わした会話として、その日の山下の日記の最後に、「たとえ山田長政となるとも、シンガポールを落とさずば止まざるべしと、両者機嫌よく別れたり」と記されている。

国運をかけた戦争の火ぶたを切る両雄の会話に、山田長政の名が出たのは、たとえ現地で斃れ、骨を埋めることになろうとも、という強い決意表明のようである。

その山田長政とは、どんな人物だったのか。昭和四九年（一九七四）、山田長政顕彰会が編纂した『山田長政資料集成』、昭和一五年（一九四〇）に南亜細亜（南アジア）文化研究所から刊行された『南洋日本町の研究』が、精度の高い資料とされている。

山田長政は一五九〇年（天正一八）、駿河国（静岡県）富厚里《ふこうり》に生まれたとされる。現在の静岡市葵区に同じ地名が現存している。

生家は紺屋（染物屋）を営んでいたが生来覇気に富み、侍に憧れていた長政は家業に身を入れず、剣術の稽古や兵法の勉学にばかり熱心であった。当時はまだ才覚と努力、運次第で、栄達がかなった時代であった。

そこで沼津藩主邸（現沼津市）の門をたたき、大久保忠左《ただすけ》の六尺として採用される。大男という意味だが、大名の駕籠を担ぐには体格が優れているのが必須条件であるから、転じて駕籠かきのことになる。とはいっても、大事な護衛の役も兼ねているから、末端でも武士である。

だが長政は武士として戦場での華々しい手柄を夢みていたものの、関ヶ原の戦いが終わり、大坂の陣を経て、時代は急速に徳川家康の天下泰平の世に向かっていた。彼の立身出世の機会は閉ざされたのである。

そこで今度は商人として海外雄飛する大望に変わり、これがアユタヤ行きにつながった。長政のほかにも、反徳川方の武士や禄を失った浪人が数多く国内にいることは、幕府にとって不安材料であった。したがって、彼らが海外に出ていくことは、幕府にとってはあり難い。実際、徳川の世に相容れず、新天地を求めて朱印船に乗り、スペインの植民地ルソンや、シャムに渡っていく侍が大勢いた。

朱印船とは、外国から海賊船や密航船と間違われないように、幕府が発行した貿易許可証の「朱印状」を携えた船のことである。長政もその一人として慶長一七年（一六一二）、朱印船に乗り、シャムの王都アユタヤに渡っていった。

当時はまだ鎖国まえで、海外貿易に積極的な家康から、スペイン国王フェリペ三世に送った朱印状がセビーリャの古文書館に現存しているが、これはメキシコとの貿易をもちかけた書状である。だがメキシコは交易相手国には遠すぎる。ましてや当時の船の性能や操船技術では、リスクが大きすぎた。

そこで日本に近いルソンやアユタヤに向けた家康の目的は、香木の伽羅《きゃら》の輸入にあったが、武具に用いる鮫皮《さめがわ》、鹿皮なども入っていた。相手が求めたのは、質の高い日本の銀であった。

アユタヤ王国

アユタヤの歴史については、いくつかの資料を渉猟したつもりだったのだが、いざ現地に着いてみると、戸惑うことが多かった。なるほどこれは資料にある通りだ、と納得がいく場合もあるが、目のまえにある遺跡と現在までの時空を埋める空気にはなかなか馴染めない。

そこで鉄道のアユタヤ駅に近い、パーサック川沿いのホテルに宿をとると、早速、アユタヤ歴史研究センターを訪ねた。旧日本人町跡に日本の協力で建てられた、モダンな建物のなかにある歴史研究センターである。

そこで紹介されたのが、近世アジア交流史が専門の元チュラロンコン大学教授タン・フック氏であった。

早速、フック氏はアユタヤの古い地図を拡げて語りだした。

長政が渡ってきた当時のアユタヤ王国は、海外貿易で活気に溢れ、街中も繁栄していましたから、人口一五万人の大都市でした。それだけの人口を抱えていたということは、当時のロンドン、エド（江戸）に匹敵する都市です。港をもち、権力と権威が集

中していたことも背景にありました

目のまえにある一七世紀の地図で見ると、アユタヤは河川と外郭で二重に囲まれたやや横長の島である。王朝のおもだった施設が中心部を構成し、これを取り囲む河川と外郭の外側が町になっていたことがわかる。

河川といってもアユタヤには、いくつかの川が入り組んでいる。かつての城壁内部は北側をオールド・ロッブリー、東をパーサック、西と南はチャオプラヤーという川に囲まれた東西に四キロ、南北に三キロの島であるから、橋を渡らない場合は現在でも渡し船を使うことになる。

「日本人町は、外郭の外側を流れるチャオプラヤーの畔で、島の外の南東部の川べりに位置していました」と言いながら、フック氏が指さしたそこは、現在の鉄道の駅から直線距離なら一キロしか離れていないから、歩いてもさほどの距離ではない。

訪ねるのは明日以降のことにして、わたしたちはアユタヤに流れた歴史を確認することにした。

シャムを支配下に置くアユタヤ王朝は、一三五一〜一七六七年まで四〇〇年つづいたが、最盛期には日本人のほかに、四〇ヵ国もの人間が住む国際都市であった。

だが海外貿易を背景にした経済力を誇るアユタヤは、近隣のビルマ王国やカンボジア王国、そしてルソンを支配下に置くスペインから狙われていた。

当時はアジアに植民地を拓こうとするスペイン、ポルトガルのような地球規模の活躍をしていた南蛮諸国、さらに新興勢力の英国、オランダも加わった覇権争いが、インド洋や南シナ海に広がっていた時代である。当然、アユタヤ王国も安泰ではなかった。


山田長政が着いた当時、アユタヤを治めていたのはソンタム王ですが、長政たち日本人は、交易商人としてバタヴィアとの交易にも励みながら、有事の際には、アユタヤの傭兵として期待される存在だったのです。

ですから戦国時代に激しい戦闘の経験をしてきた武士や浪人たちは、いわば即戦力です。長政らより一足先にアユタヤに入っていた日本人はすでに六〇〇～七〇〇人いたようですが、長政はまもなく、総勢一五〇〇人いた日本人町のリーダーとなります。統率力が抜群だったということでしょう。長政は一六二九年に、ルソンを基地にしたスペイン軍の侵攻を二度撃退させたことが、スペイン側の記録にありますからそれでアユタヤ王朝のソンタム国王から、絶大なる信頼を受けることになったわけです。実際この功績によって、ソンタムの王女と結婚したのですが、オークヤーと呼ばれる大臣職に就き、セーナーピムックという名前を戴いています

とわたしは返した。

駿河の一駕籠かきが、大出世を果たしたことになる。当時の南洋諸国は、大望と実力を備えた人間ならだれでも受け入れるほど、懐が深かったということでもある。そんな折、忠誠と武勇を兼ね備えた日本人は、ここでも歓迎されたのである。

栄達後の受難

しかし出世のあとには、権力闘争が待ち構えているのもこの世の常。ソンタム国王が亡くなると、長政は後継者争いに巻き込まれることになった。

国王の遺言通り、長政は日本人傭兵部隊を率いて宮廷に圧力をかけ、ソンタム国王の息子チェーターー親王を後継者として即位させた。

だが、密かに王位を狙っていたソンタム王の叔父シーウォーラウォンは、長政を左遷してしまった。

そのあたりの経緯をフック氏はこう語る。

長政率いる日本人部隊は強力なうえに、貿易商としての財力をもった彼は、王朝の政に口を出す存在になっていました。現に後継者争いに加担するなど、一部には恐れられたわけです。ですから宮廷内でこれ以上の地位、権力をもたせないような戦略を講じるようになりました。

それが原因でアユタヤ王国防衛を口実に、長政をリゴール（アユタヤ王朝支配下の国、現ナコーンシータマラート）の王に命じる結果になったようです

一方、アユタヤの貿易を独占していた日本人勢力と対立関係にあった華僑勢力の圧力が、宮廷内に及んだためとする説もあったらしい。

それもあったでしょうが、日本勢の背後には、徳川幕府がついているに違いないと、誤解されていた可能性もあります。

そのまえの豊臣秀吉による明の王朝まで視野に入れた朝鮮出兵は、アジア諸国から怖れられていたのです。ですから、アユタヤの宮廷としては、長政も恐いが日本も恐い。

しかしスペイン、ポルトガルも怖いから、長政を抹殺すれば大事な盾を失うことになる。難しい判断だったと思います。実際、長政はリゴール王として、スペインの度重なる侵攻を防いでいてくれました

だが長政は一六三〇年、度重なる戦いで太ももに傷を負ったところを、傷口に毒を塗られ毒殺されたと伝えられている。

一六三〇年は日本ではどんな時代だったのか。一六二四年が正式にスペイン船来航禁止令が出た年だが、キリスト教禁止令の影響で、実質的にはそれより早く一六一〇年代後半には、スペイン船はほとんど日本に来なくなっていた。

従って、ルソンのマニラを基地にしたスペイン帝国の植民活動は、アユタヤも含め、他のアジア地域へのウエイトが置かれていた。長政率いる日本勢の出番も、それだけ大きくなっていたことになる。

フック氏は、その先の日本人町の命運をこう語る。

長政亡きあとは、日本人の反発を怖れた勢力によって、日本人町は焼き払われてしまいます。この出来事で、日本人勢力はアユタヤ王朝における軍事的・政治的な力を失

ってしまいます。

しかし日本人の底力は、それで完全に尽きてしまうわけではありません。タイ南部やマレー、ベトナムなどに逃れて生き延びていた日本人が、再びアユタヤに集結してきて、また元の日本人町を再建しようとします。その数は四〇〇人ほどだったそうです。そこで以前の繁栄を取り戻すには、諸外国相手の交易しかないと。彼らは商いと操船能力だけでなく、戦闘能力もある人間たちです

南洋に来た日本人たちは、国内だけに目がいっていた内地の人間たちと違って、大望を抱いて日本を後にしただけあって、異なる志向の持主だったとみられる。

しかし時代は彼らに逆風でした。日本人町の土台を作って交易をはじめたものの、日本は鎖国に入ったために、新たにアユタヤに渡ってくる日本人がいなくなったのです。人間の補給、新戦力の補強が途絶えると、あとはどんどん衰退していく一方でした。日本人の勢力を弱体化させるために、貿易を王室のみに許可する専制貿易をおこなったことも痛かったです。

しかし軍事力、政治力を失ったものの、日本人は以前の貿易で培われた人脈、信用、

そして集積力を生かして仲買商を営んだり、タイ南部の鉱山で産出された錫の取引などをおこなうようになりました

商いは信用が第一であるから、日本人の特質である年輩の者や上級者を敬い、律義で正直、貧しい佇まいや食事にも耐え、努力を惜しまないということが高く評価されたということになる。

だが商売上のライバルである華僑たちは、南方とは大半が陸地つづきであるだけでなく、「南船北馬」といわれたように、海外進出に長い歴史と広いネットワークをもっていたのに比べ、日本人にはそれがなかった。

しかも華僑たちは、一族郎党揃って行動するから家族があった。それに比べると、日本人は男だけで南方に出てきたから、日本人社会として成長することができなかった。フック氏の説によると、

日本人は、現地の女性と所帯をもったわけですから、二世以後の時代になると、徐々にタイ族に同化していきました。結果的に日本人のアイデンティティーが失われ、一八世紀初頭までつづいた日本人町は自然消滅したのです

という。

話がそこまで進んだとき、外はにわかに曇ってきた。まだ雨季が明けていないのだ。こうなると、もうすぐ土砂降りになる。わたしは明日の約束を取り付けて、急いで宿に戻った。

アユタヤの日本人町を歩く

アユタヤに二〇年も住んでいるフック氏の予言通り、次の日は、朝から街に南洋の太陽が燦々と降り注いでいた。滞在当時は六月だが、タイの雨季は四月から一〇月まで半年もつづくから、雨季真っただなかである。しかし日本と違って終日しとしと降るようなことはなく、午後三時あたりになるとにわかに曇りだし、やがて稲妻が走ると天からバケツをひっくり返したような大雨になる。したがって、ビーチ・パラソルのような頑丈で大きな傘でないと役立たない。

だが一時間もすればさっと上がり、それまでの雨が嘘のように晴れ渡る、いたって南洋的な降りかたである。

そんなとき、車やトゥクトゥク（バイク付き三輪車）がまるで散水車のように、左右に水を跳ね飛ばしながら走っている光景に、「南洋だなあ」と実感がわく。

フック氏とわたしは、ホテルの前でトゥクトゥクの運転手と交渉して半日間借り切ると、日本人町跡をめざした。常時交通ラッシュに見舞われるバンコクと違い、のどかな町並みがつづき、すぐに家並みもまばらになった。雨をたっぷり吸い込んだ木々の梢から漏れる朝の光が眩しく、すがすがしい空気が流れている。

道すがらフック氏は、

五年ほどまえに『ヤマダ アユタヤの侍』というタイ映画がヒットして、地元民には、日本村はどこですか？　と聞くよりも、ヤマダの家はどこ？　と言ったほうが通じるんですよ

と言ってから、

日本人町跡に行くまえに、まず伝統的なアユタヤの民家が復元されている一画を観ておきましょう

復元された日本人住居

となった。

　ホテルから西にまっすぐ伸びる道を行くと、チャオサームプラヤー国立博物館にほど近い、クンペーン・レジデンスに着いた。クンペーンとは、武芸と呪術に長じた武人の名だそうだ。古民家の群れは、こんもりとした林のなかにあった。

　これは長政がいた時代にもあった伝統的建築様式で、床下が四メートルもあるのは、湿気を防ぐだけでなく、洪水にしばしば見舞われるからに違いない。床への上り下りは梯子だが、夜は安全のためにはずされていた。

　柱も床も堅いチーク材を使っているが、南洋材のなかでは最も材質が堅く、水にも強い。今でも船舶の外板部分に使われるなど、建材としても広く使用されているそうだ。床と柱がピカピカに磨かれているが、油脂が擦りこまれているのが見て取れる。

一見して静寂な寺院のなかにいるように感じるが、周囲が池や花に囲まれ、色彩のある南洋の風情が漂っている。

この家では、隣室に行くのに角を曲がったり、渡り廊下を渡ることになるのは、防御の態勢であることは明らかだ。武家屋敷といった方がよさそうな建て方である。

フック氏も、
民家と謳ってありますが、民衆の住まいではなく、武家屋敷です。民衆レベルも高床式の家を構えていましたが、柱を板切れで囲った程度の家で、床はたいてい竹を割って固定してあります。通風がいいですから
と言った。

日本の武家屋敷の室内では、細い竹で作ったすだれが蚊帳の役割を負っていたり、香を焚いて蚊取り線香の代わりにしていた。ここアユタヤでは、床下の広い空間の一画が厨房で、吹き抜け式の竈の煙が、蚊取り線香の代わりになっていたことがわかる。

ひと通り見終わって外に出ると、木陰で休んでいたトゥクトゥクの若い運転手が腰を上

げ、わたしたちは日本人町跡に向かった。

日本人町跡

「日本人が住んでいた建造物など当時の名残はまったく残ってはいませんが、ここが入口です」とフック氏が指したところから、日本人町の記念公園になっていた。

大きな常緑樹が生い茂る公園の入口の右側に、「アユチヤ日本人町の跡」の石碑が建っていた。アユチヤは、当時の古い呼び名である。

「アユチヤ（アユタヤ）日本人町の跡」の石碑

　林のなかに入っていくと、大きな枝葉を広げた木々の間をゆったりと涼風が流れていた。木立の下を散策しながら、ここは血なまぐさい地でもあったが、悲劇的な終末を迎えるまで、このあたりで、彼らはいったいどんな生活を営んでいたのだろうかと考えた。

この公園はそっくり日本人町の跡ですが、南北に五七〇メートル、横に二三〇メートルの縦長の敷地です

と彼は言ったから、東京ドームの三倍弱といったところである。


入口から入って、北側の一番奥まったところでチャオプラヤー川の畔に出ますから、水運が発展するには地形的にもよかったのです。

長政がアユタヤに入ったのは一六一二年ですが、当時のアユタヤ王は、第二二代のエーカートッサロット王の時代です。時を同じくして日本人町に港が建設されていますが、今も向こう岸と結ぶ小さな船着き場が残っています。

当時は異国からの貿易船が出入りできる規模の大きい港です。交易だけでなく、一朝事あった時は、軍勢はここから出て行かれますから

とフック氏は言ったが、それだけ日本人兵は、頼りにされていたということでもある。

では長政がいた当時、最盛期に一五〇〇人いた日本人はどんな生活を送っていたのだろうか。

研究書によると、日本人は交易商人であるから、家を留守にしがちであった。残るのはタイ人の夫人たちと子どもたち、タイ人の下男や下女、それから奴隷もいたことがわかっている。そこでわたしは、

夫人といっても、交易商人が取引先の現地から連れ帰ったルソン、バタヴィア、ビルマなどの女性もいた可能性がありますね

と問いかけると、フック氏は、

絵画で見ると女性の服装がまちまちですから、その可能性は大です

と言った。

となると、日本人町の規模は日本人一五〇〇人とその家族に仕える使用人の数を加えれば、いったいどれだけの人数になるのか。『暹羅《しゃむろ》國風土軍記』(智原五郎八)という史料では、日本人町の人口を八〇〇〇人と記している。「暹羅」とはシャムの別名である。

しかしこの面積では東京ドームの三倍にすぎないから、使用人などの多くは住み込みで

はなく、通いだったのだろう。

食生活では米や魚のほかに、日本酒もありましたから、戸惑いはなかったと思います。スープなどの味付けもタイ料理は辛いですが、味そのものはいたって淡白です。辛いといっても唐辛子の辛さですから、苦手なら避ければいいだけのことです

と言ったが、舌にインパクトのない日本食では物足りないこともあったのではないだろうか。

フック氏は、

当時日本人たちは、必ずしも日本食にこだわらなかったのではと思いますね。後でチャオプロムという大きな市場に行ってみましょう。食材は何でも売っているし、なかでも食べられますよ

と言ったが、アユタヤ王朝の時代は国際都市であるから、ペルシャやアラブ諸国の商人たちがもたらした香辛料も多く、羊の肉料理などもあったらしい。中華料理も浸透している

から、当時の日本人たちはエスニック系にもヨーロッパ系の料理にも通じている、かなりの食通だったことになる。
この意味でも、日本にいたときより生活は豊かだったことになる。アユタヤの食生活も興味深いが、それ以上に興味深いのは宗教問題である。

宗教自由の王国

歴史史料によると、アユタヤは四〇ヵ国もの人たちが行き交う国際都市だった。交易で最も隆盛を誇ったのはポルトガル人だが、地図で見ると、ポルトガル人街は日本人町とは島の反対側にあったことになる。

それでもたった数キロの距離です。町中はそんな雑多なヨーロッパの紅毛人、ターバンを巻いたインド系、弁髪の支那人、髷を結った日本人なんかが行き交っていたわけです。食べ物の種類が多いだけでなく、宗教も自由でした。ですから商人だけでなく、幕府の弾圧によって逃れてきたキリシタンらが多数いたと思います

なるほどこんな小さな王国であっても、もともと仏教は異教に寛容で、ことにタイ仏教

はヒンズー教、キリスト教、ユダヤ教などを異端視していない。

元来商人は実利主義に徹しているうえ、多くは近隣の異国を知っている人間たちである。カトリックが国教で時にファナティックでさえあるスペイン統治下のルソンには三〇〇〇人もの日本人がいたが、この点でもアユタヤの日本人には居心地のよい地のはずである。彼らは貿易で財を成した人たちであるから、ときどき傭兵として臨時収入も得ている生活は、遠く離れた南洋の異国にあっても、伸び伸びとしていたようだ。

左手にある「日本人町歴史センター」と右手奥の別館は、聞いていたとおり、観光客相手のビデオを見せられただけで、収穫はなかった。

それでも、山田長政の肖像画はきわめて印象的だった。目と口が大きく、唇の厚いところは、一軍を指揮する屈強な侍の姿を彷彿させる。服装は前開きの長いフロックコートのような服を身に着け、スカーフで喉を保護しているのは、海上で指揮を執る姿のようである。

生前の長政の活動については、日本、オランダ、タイの資料を渉猟して昭和一五年（一九四〇）に南亜文化研究所から刊行された前出、岩生成一『南洋日本町の研究』に詳しい。帝国学士院賞を受賞した著作だが、これによると、かなり多くの外国人と商取引をしていたことがわかる。

長政がアユタヤに入ったのは一六一二年、二二歳のときであった。その三年後の一六一五年には平戸に自らやってきて、英国商館と武器や毛皮の取引をしていた事実が史料で証明されている。

アユタヤ日本人町が発展を遂げたのは、周辺諸国との軍事的背景もあるが、経済的には日本との朱印船貿易によるところが大きい。

従来からのスペイン、ポルトガルだけでなく、イギリス、オランダの勢力による植民地化と交易でしのぎを削る世界情勢の推移と、近隣諸国との交戦もつづくなかで、アユタヤの防衛力を高めるため多くの武器を必要としていた。

そんなとき、刃物の生産で有名な堺から多くの刀が入ってきました。これらはタイ伝統の刀や槍の先端部分より優れていたので、広く普及しました。ですから長政がいた一七世紀初期には、アユタヤの武器の多くは日本製でした

フック氏がそう言ったので、わたしは最近、バンコクの王宮武器博物館で日本刀を見たことに納得がいった。

史料では、日本は南蛮諸国から皮革製品を輸入したが、そのほとんどがアユタヤからき

ていたことがわかる。

一風変わったものでは、日本の茶人が珍重したキンマ塗りの塗料なども入ってきた。キンマはタイのチェンマイや隣国ミャンマーなどに分布する植物で、日本には古くから中国を経て入ってきたとされる。

日本人町跡を抜けたところにあるチャオプラヤー川の畔の船着き場に出たところで、白い柵にもたれながら、この地に流れた歴史を反芻してみた。ここはかつて朱印船が着いた港。日本や諸外国との玄関口であるから人の出入りも多く、日本語、タイ語、欧米の言語も飛び交い、女や子どもたちの甲高い声も入り混じって、活気に満ちていたと思われる。

日本に流れたアユタヤの情報

アユタヤに流れた歴史は、この地を訪れる異邦人、わけても日本人にはロマンに満ちている。まさしく、つわものどもが夢の跡である。

アユタヤ日本人町は一四世紀頃にはじまったとされているが、急成長したのは日本の戦国時代であった。敗北して主君がいなくなると、行き場のない浪人がアユタヤに流れてくるようになり、急激な膨張がみられるようになった。

この傾向がとくに強くなるのが関ヶ原の戦い（一六〇〇年）、大坂の役（一六一四年と一五年）などの後ということになる。

当時アユタヤは、ビルマのタウングー王朝からの軍事的攻勢に脅かされていましたから、実戦経験豊富な日本人兵を雇い入れて戦力アップを狙いました。これが浪人のアユタヤ流入を生むことになりました

とフック氏。

ということは、そのような情報が、日本に流れていたことになる。これが、「来たれ南洋の王国アユタヤへ」の動きになったわけである。

日本から浪人が来るまえは、アユタヤ王ソンタムもタウングー王も、ポルトガル人の兵士を雇い入れたことがありました。ところが戦争相手国のビルマもポルトガル兵を雇い入れていたために、同士討ちになってしまいます。当然ポルトガル兵は発砲しないから、使い物にならなかったのです。これが日本の浪人を求める結果につながりました

これによって、彼らには南洋で新しい就職口がみつかっただけでなく、海の向こうに雄飛してみたいという大望、志向を抱くようになったのである。その意味では、戦前、多くの日本人が満州に渡っていった事実と、重なる部分がある。

交易商人山田長政の活動に戻るが、長政はバタヴィアもたびたび訪れ、鉄砲、薬品、塩、火薬の原料の硝石、水牛と犀の角、生きた孔雀、猫などを仕入れている。

これらは徳川家康からアユタヤ王に届いた書簡と贈り物の贈呈につづき、家康の求めに応じて老中・本多正純からアユタヤ王に、先の品々を依頼する書簡が届けられており、この取引を担当したのは長政であった。

ほかにも多くの商取引を仕切っていたことがわかっている。武器から装飾品まで扱う商社マン、海戦・陸戦にも長けた一軍の将、王朝の一角を支配する政治家など、その目覚ましい活動には、いくつもの異なる顔がうかがえる。

事実、異国の地であそこまで驥足を展ばした山田長政は、同じ日本人の物差しでは計り知れない、人間力と強運の持主ということになる。

長政は王妃をめとって子孫も残していますから、立身出世の鏡のような男です。長男は父親亡き後、後継者になっています。権勢を誇った長政のことですから、このあた

りに、家臣たちの家に囲まれて豪勢な家構えだったでしょう
とフック氏。

しかし実情は、それほど生易しいものではなかったようだ。息子のクン・セーナーピムックが後継者になったものの、内部対立が起きて同じ日本人によって暗殺され、後継者候補の一人プラーサートトーン（シーウォーラウォン）は、「武器と財力をもった日本人は反乱を起こす可能性がある」と主張して、アユタヤ日本人町は焼き打ちされてしまったのである。

先にも触れたように長政は一六三〇年、戦闘で負傷した傷口に毒入りの膏薬を塗られて死亡したとされるが、毒殺したのもシーウォーラウォンの密命によるものであったことが、オランダの史料に記されていることを、先の岩生が指摘している。

フック氏と賑やかなチャオプロム市場のなかで遅い昼食を食べて別れた。翌日から、廃墟となった王宮跡や王室の守護神ワット・プラ・シー・サンペット、崩れかけた仏像などを、独りでのんびり見て歩いた。

日本の侍や商人たちも親しんだこの栄華の都は、〝栄枯盛衰〟の物語につつまれて静ま

りかえっていた。
バンコクの王宮にほど近い寺院ワット・ラーチャブーラナを訪れたとき、この寺に四年まえから滞在している若い高野山の日本人僧侶が、
アユタヤの遺跡の方が、深淵な趣きがあります
と言っていたのを想い出した。

あとがき

欧米から Far East（極東）と言われていた東洋の一画にある日本は、狭い国土に多くの民を抱え、資源の乏しい島国であった。それでも四方を海で囲まれているから、当然ながら日本人は海の向こうを意識した。そこで視野に入ってきたのが、かつて「南洋」と呼ばれた現在の東南アジアの国々であった。

だがそこには日本よりも先に、大航海時代の大波と余波に乗って、スペイン、ポルトガル、オランダの南蛮諸国に加えイギリスも進出を果たしていた。その勢いをかって南蛮船が渡来するようになったことも、日本側には刺激になった。

そこで日本でも、幕府の直轄領であった大阪・堺の商人に貿易させたり、九州のキリシタン大名が朱印船を送り込んだ。これが本書で扱ったフィリピン・ルソンのマニラ、ベトナムのホイアン、タイのアユタヤ、そしてマレーシアのマラッカであった。これらの地で交易がおこなわれた結果、必然的に日本人町が形成された。

だが鎖国によって船も人間の往来もなくなり、人員の補給もできなくなって日本人社会は消滅してしまい、現在では「日本人町ここにありき」の痕跡をみるだけになっている。

時代が明治に入って開国されると、志ある者は個々に南洋へ雄飛していった。彼らは脱亜入欧思想の反動として起きた、日本と近隣アジア諸国との関係強化を命題にした興亜論の先兵たちであった。時期を同じくして郷里の貧しさと「幸せは南洋にあり」の空気に後押しされて、長崎や熊本の「カラユキさん」と呼ばれた若い娘たちも海を渡っていった。彼女らが住み着いたのがシンガポールとマレーシアのペナン、サンダカンであり、そしてフィリピンのマニラ、ダバオの日本人町であった。

歴史をかえりみると、明治初期以後に芽生えた南進論は、日清・日露戦争の勝利によって欧米との対立構造と国際的な孤立を生むことになった。さらにこの思想は昭和初期になると、孫文や犬養毅、頭山満らの主張する欧米の支配を排除し、「アジアはアジア人の手で」を根本理念とする大アジア主義によって鮮明度を増してくる。

だがここで日本は、「アジア人の手で」がいつのまにか「アジアの盟主として」に変わってしまい、勢いに乗った軍閥の指導で大東亜共栄圏構想となってしまった。そして日米開戦が近づいた昭和一五年（一九四〇）七月の第二次近衛内閣で決定された「世界情勢の推移に伴ふ時局処理要綱」では武力行使を含む南進政策という国策となった。

興亜論に端を発した南進論は、南方資源の獲得を柱にした南進論となって、ついに武力進出までできてしまい、太平洋戦争となったのは歴史が示すとおりである。本書でこれまで見てきた南洋各地の邦人社会に与えた悲劇は大きく、とくにフィリピンでは現地人を巻き込んだ大惨事を生んでしまった。

歴史とは、まことに皮肉かつ、過酷なドラマの集積であると、あらためて感じさせることになるが、今後の、東南アジアにおける日本社会の展望について触れてみたい。

戦後は東南アジア諸国への賠償からはじまり、高度経済成長の波に乗って日本企業の現地進出となったが、日本人町はできなかったし、今後もないだろう。

世界に広くみられる中国人街の場合は、祖国を捨てた移住型であり、長い歴史のなかで現地に中国人独自のコミュニティーを作ってきたことにある。日本が貧しかった時代と違い、日本人には中国人のような祖国の変貌には目も向けない小国の建設という思考はない。中国人とは土着性への感性も精神構造も違っているから、かつての日本人町のような社会を形成することはないだろうし、またその必要もない。

それでも東南アジアへの企業進出はますますつづき、さらなる東南アジアから日本へ来る労働者の受け入れもつづくであろう。そんな時代であるからこそ、かつて先人が造った日本人町の歴史に関心を持っていただければ幸いである。

取材中、各地の博物館や資料館の学芸員や日本人会の会員の方達には大変お世話になりました。

また本書の出版に当たってご尽力を頂いた平凡社新書編集部の進藤倫太郎さんにはこの場を借りて御礼申し上げます。

二〇二二年四月二五日

太田尚樹

【著者】
太田尚樹（おおた なおき）
1941年東京生まれ。東海大学名誉教授。専門は比較文明論。著書に、『パエリャの故郷バレンシア』（中公文庫）、『満州裏史——甘粕正彦と岸信介が背負ったもの』（講談社文庫）、『死は易きことなり——陸軍大将山下奉文の決断』（講談社）、『伝説の日中文化サロン 上海・内山書店』（平凡社新書）、『満州と岸信介——巨魁を生んだ幻の帝国』（KADOKAWA）、『ヨーロッパに消えたサムライたち』（ちくま文庫）、『満洲帝国史——「新天地」に夢を託した人々』（新人物往来社）、『支倉常長遣欧使節 もうひとつの遺産——その旅路と日本姓スペイン人たち』（山川出版社）などがある。

平 凡 社 新 書 1 0 0 7

南洋の日本人町

発行日——2022年7月15日 初版第1刷

著者———太田尚樹
発行者——下中美都
発行所——株式会社平凡社
〒101-0051 東京都千代田区神田神保町3-29
電話 (03) 3230-6580［編集］
(03) 3230-6573［営業］
印刷・製本—株式会社東京印書館
DTP——株式会社平凡社地図出版
装幀———菊地信義

ISBN978-4-582-86007-8
平凡社ホームページ https://www.heibonsha.co.jp/